Harutunian
Erfolgreiche
Korrespondenz

Erfolgreiche Korrespondenz

Tips und Hinweise für den zeitgemäßen Geschäftsbrief

von
Margard Harutunian
München

2. Auflage

WRS VERLAG WIRTSCHAFT, RECHT UND STEUERN

CIP-Titelaufnahme der Deutschen Bibliothek

Harutunian, Margard:
Erfolgreiche Korrespondenz: Tips u. Hinweise für den
zeitgemäßen Geschäftsbrief / von Margard Harutunian. –
2. Aufl. – Planegg/München: WRS, Verl. Wirtschaft, Recht u.
Steuern, 1989
    (WRS-Mustertexte; Bd. 9)
    ISBN 3-8092-0528-1
NE: GT

ISBN 3-8092-0528-1   Bestell-Nr. 07.10

1. Auflage 1988 (ISBN 3-8092-0423-4)
2., durchgesehene Auflage 1989

© 1989, WRS Verlag Wirtschaft, Recht und Steuern, GmbH & Co., Fachverlag,
8033 Planegg/München, Fraunhoferstraße 5, Postfach 13 63, Tel. (0 89) 8 57 79 44

Zeichnungen von Irene von Michel-Triebel

Satz + Druck: Schoder Offsetdruck, Gutenbergstraße 12, 8906 Gersthofen

Inhaltsverzeichnis

Vorwort

Über den zeitgemäßen Mitteilungsstil gibt es inzwischen viele beachtliche Sachbücher und Seminarreihen. Daß trotzdem noch immer der veraltete Stil praktiziert wird, mag zum Teil daran liegen, daß nicht jeder Interessierte Zeit für umfassende Werke oder Seminarbesuche hat.

Andererseits genügt es heute nicht mehr, daß Sachbearbeiter und Führungskräfte ihre Beweglichkeit in zeitgemäßer Sprache zeigen; auch Sekretärinnen haben in dem Prüfungsfach Textformulierung ihre Kenntnisse zu beweisen, seit der Beruf der Sekretärin gesetzlich verankert und damit aufgewertet wurde.

Da auf beiden Seiten Steigerungsmöglichkeiten vorhanden sind, entstand mein Anliegen, die unüberschaubare Fülle des Stoffes in eine kurze Form zu bringen und mich dabei auf wesentliche Hinweise zu beschränken.

Diese Broschüre ist als schnelle Hilfe für alle Personen gedacht, die sich mit der Gestaltung und Formulierung von Texten befassen.

1 Moderne Korrespondenz

Moderne Korrespondenz oder zeitgemäßer Mitteilungsstil – was ist das eigentlich?

Versteht man darunter eine kurzlebige Modeerscheinung, die keiner besonderen Beachtung bedarf, oder ist es der Versuch, unsere Sprache zu normieren und somit jede Kreativität auszuschalten?

Nein, weder noch! Zeitgemäße Korrespondenz soll die Kreativität des einzelnen fördern und Sprachindividualismus ermöglichen, der an die Stelle von Phrasen, Floskeln und anderen abgewirtschafteten Ausdrücken tritt.

Die Fähigkeit, auf unterschiedliche Briefpartner und Belange einzugehen, erkennt man nicht an inhaltlosen Formulierungen, die für jede Person und Situation (un-)passend sind, und das schon seit Jahrzehnten!

Zeitgemäße Korrespondenz ist empfängerorientiert und zu erkennen an

– psychologischem Einfühlungsvermögen
– Originalität
– Treffsicherheit
– knapper und präziser Diktion
– Eleganz und Zielstrebigkeit im Ausdruck

Alles in allem: sie ist das Gegenteil von Stillosigkeit, Imponiergehabe, Unverständlichkeit und antiquiertem Erscheinungsbild.

Zeitgemäße Korrespondenz ist Öffentlichkeitsarbeit, also Präsentation oder Werbung des Unternehmens.

Mit dieser Broschüre (Teil I der Korrespondenzreihe) erhalten Sie Hinweise zu formalen, stilistischen und grammatischen Neuerungen und Zweifelsfällen.

2 Öffentlichkeitsarbeit
(Neudeutsch: Public Relations – kurz: PR)

Im allgemeinen preisen Firmen ihre Produkte und Dienstleistungen gerne über die Medien an, also über Film, Funk, Fernsehen, Presse. Besonders, wenn es um Qualität und Service geht, rutschen sie dabei schnell in die Sprache der Superlative. Zum Beispiel:

„Super, Spitze, Klasse, Schönste, Stärkste, Beste"

Ich will zwar diese höchste Steigerungsstufe nicht gleich als Jahrmarktgeschrei abwerten, empfehle jedoch, in das Bemühen um die Glaubwürdigkeit solcher Aussagen auch folgende Überlegungen einzubeziehen:

Öffentlichkeitsarbeit ist vor allem ...

– die Art, in der Führungskräfte mit Kunden und Lieferanten verhandeln

– die Art, wie sich Mitarbeiter einer Firma am Telefon verhalten

– die Art, wie Geschäftsbriefe geschrieben werden

– die Art, wie Mitarbeiter zu eigenen Fehlern stehen

– die Art, wie Beschwerden der Kunden behandelt werden

– die Art, wie Mitarbeiter auf unsachliche Kritik reagieren

– die Art, in der Kunden an Versäumnisse erinnert werden

und vieles andere mehr.

3 Die drei Gesprächsarten

Zum noch besseren Verständnis für moderne Korrespondenz stelle ich hier zunächst einmal die ersten drei Punkte der Öffentlichkeitsarbeit heraus:

> ## 1. Direktes Gespräch (Partner anwesend)
>
> ## 2. Indirektes Gespräch (Telefonat)
>
> ## 3. Schriftliches Gespräch (Brief)

Sie haben also verschiedene Möglichkeiten, mit anderen zu kommunizieren, das heißt sich und Ihr Unternehmen nach außen darzustellen.

Wenn Sie hierbei die wesentlichen Merkmale der unterschiedlichen Gesprächsarten beachten, dann ist Ihnen wirkungsvolle Kommunikation sicher; anders ausgedrückt: Die Unkenntnis der Hauptregeln und -merkmale birgt die Gefahr von Kommunikationsstörungen und Mißverständnissen in sich.

3.1 Direktes Gespräch

Beim direkten Gespräch (umgangssprachlich auch persönliches Gespräch genannt) ist also Ihr Partner anwesend. Entscheidende **Vorteile** dieser Gesprächsart sind die besonders starken rhetorischen Hilfsmittel Mimik und Gestik, vorausgesetzt, man beherrscht das Kommunikationsmittel **Körpersprache**.

Nonverbale Kommunikation*) rangiert *vor* dem gesprochenen Wort. Sie sagt viel über Charakter und Erwartungshaltung eines Menschen aus. Wer das nicht deuten kann, riskiert Konflikte, Informationslücken und Mißverständnisse.

---

*) nonverbal = nichtverbal = sprachfrei

Fehlende Mimik und Gestik und fehlender Blickkontakt werden deshalb auch besonders negativ bewertet.

Die Richtung Ihrer Augen gibt die Richtung Ihres Interesses an

Geben Sie deshalb Ihrem Gesprächspartner klar verständliche Signale, also Zeichen der Körpersprache, die leicht zu deuten sind; andernfalls handeln Sie sich selbst Minuspunkte ein. Eine „vermutete" Deutung Ihrer Empfindungen wird sich beim direkten Gespräch meist *gegen* Sie richten. Lassen Sie fühlen, was Sie fühlen!

Natürlich können Bedürfnisse und Empfindungen auch dann schwer gedeutet werden, wenn sich Gesprächspartner darauf beschränken, den kleinen Verstandesteil anzusprechen. Immerhin verlaufen auch knallharte Sachgespräche zu etwa 80 % auf emotionaler Ebene.

Unsichere Menschen allerdings leben oft nach dem Motto: Gefühl = Gefühlsduselei = Abbau der Autorität; ergo: Keep cool, nur nicht lächeln, es könnte ja bleiben. Ein verhängnisvoller Irrtum, zumal man mit dieser Einstellung schnurstracks in Richtung verzerrte Kommunikation marschiert.

Um Mißverständnissen vorzubeugen:

Die Alternative zur versteinerten Miene ist kein Permanentlächeln. Man soll auch im Gefühl nicht dahinschmelzen wie die Butter auf der heißen Kartoffel.

Freundlichkeit und Gefühlsausdruck sollen ganz einfach unver-krampft, natürlich und glaubwürdig sein.

Übrigens: Ich habe schon immer gerne Eselsbrücken gebaut; hier ist eine:

Man könnte
vom Salat lernen,
der hat
das Herz im Kopf

3.2 Indirektes Gespräch (Telefonat)

Wenn Sie mit jemandem telefonieren, so führen Sie ein indirektes Gespräch. Auch bei dieser Gesprächsart gilt es, Regeln zu beach-ten, die schon beim direkten Gespräch erfolgversprechend sind.

Und soviel schon vorweg: Diese Regeln sind mit einer Ausnahme voll übertragbar auf das schriftliche Gespräch, also Voraussetzung für erfolgreiche, wirkungsvolle Briefe. Hier einige Beispiele:

Regeln guter Gesprächsführung

1. **Person und Sache trennen**
2. konzentriert und interessiert zuhören
3. Partner ausreden lassen, nicht unterbrechen
4. Fragetechnik anwenden
5. lange Monologe vermeiden
6. belehrenden Tonfall und Du-Botschaft vermeiden*)
7. Ich-Botschaft anwenden*)
8. Unbeherrschtheit und Erregung vermeiden
9. klar und deutlich sprechen
10. beim Thema bleiben
11. Positivformulierungen bevorzugen
12. Negativformulierungen vermeiden*)

---

*) Beispiele zu den mit *) markierten Punkten im folgenden Kapitel

Hierzu einige **Kurzerklärungen:**

1. Person und Sache trennen

Viele Menschen haben Unsicherheiten oder Schwierigkeiten gegenüber unsachlichen Personen. Sie bedenken dabei vielleicht nicht, daß das Problem meist in der eigenen Unsachlichkeit liegt.

Beispiel: Ein Anrufer muß seiner Meinung nach zu lange auf die Verbindung warten. Er wird ungeduldig, deutet dieses Verhalten als Desinteresse an seiner Person oder Sache, seine Aggressivität wird geschürt.

Letztlich entlädt er seinen Unmut auf die erstbeste Kontaktperson, die eigentlich überhaupt nicht sein Problem ist; sein Problem ist das „lange Warten".

Wenn nun der Angerufene selbst nicht besonders stabil ist, fehlt ihm möglicherweise auch die Fähigkeit sachlicher Diskussion; folglich nimmt er den Angriff **persönlich**, er bezieht ihn also sofort **auf seine Person**: „*ICH, der Nabel der Welt!*"

Er begeht die Hauptsünde, das Fehlverhalten anderer zu übernehmen; er ist abhängig, manipulierbar, unsachlich.

> **Merke:** Unsicherheit und Feindseligkeit sind siamesische Zwillinge; sie treten immer gemeinsam auf

Ungeachtet der Gesprächsart stehen sich aber bei **sachlichen** Differenzen nicht zwei Kontrahenten gegenüber, sondern beide Partner stehen einem gemeinsamen Problem gegenüber; und das können sie nur gemeinsam lösen.

Kontrahent   Kontrahent

Problem

Die Akzeptanz des anderen als Person (so wie er ist!) ist daher die Voraussetzung für die Kritik der Sache. Oberstes Gebot ist es deshalb, das **Fehlverhalten** anderer zu **ignorieren** (nicht die Person!).

Übertragen auf das **schriftliche Gespräch** heißt das: In der Sache können Sie konsequent, notfalls auch unnachgiebig sein. Die Form der Darbietung jedoch, also die Formulierung, muß geschmeidig bleiben.

Man muß
der Wahrheit immer
die mildeste Form
geben

2. Konzentriert und interessiert zuhören

Durch die Beachtung dieser Regel drücken wir Achtung vor dem anderen aus. Wenn es nun damit hapert, dann ist der Grund dafür wahrscheinlich in fehlender Selbstachtung zu sehen.

Konzentrationsschwäche ist somit nicht nur ein intellektueller Mangel.

Beim **schriftlichen, also tonlosen Gespräch** hindert uns diese Schwäche doppelt stark daran, Mitteilungen vollständig und richtig zu erfassen. Die Gefahr vermeidbarer Folgekorrespondenz oder Verärgerung ist somit programmiert.

3. Partner ausreden lassen, nicht unterbrechen

Genau wie beim vorangegangenen Punkt braucht man auch hier **Konzentrationsfähigkeit** und die Bereitschaft, sich voll in die Lage des anderen zu versetzen.

Dazu gehört die Kenntnis, daß sich das Mitteilungsbedürfnis eines Menschen erhöht, sobald er emotionell aus der Balance gerät (im positiven wie im negativen Sinne).

Zuhören und Ausredenlassen sind also immer Hilfe und ein Zeichen von Achtung, die wir anderen entgegenbringen.

Unterbrechen sollte man nur im wirklichen Notfall, und dann möglichst am Satzende.

Kein anderes Verhalten erzeugt so schnell und heftig Mißmut, wie die Rücksichtslosigkeit, andere gesprächlich beiseite zu schubsen. Der andere ist ja noch gar nicht voll zum Zuge gekommen und konnte sich noch nicht entladen; folglich ist er „geladen".

Man kann nicht geben, was man nicht hat

4. Fragetechnik anwenden

Nehmen wir also an, Sie müßten den Partner einmal unterbrechen und Ihnen würde nur der Standardsatz von den Lippen rollen: „Moment mal bitte", dann wäre das ein **Appell** und gleichzeitig ein **Monolog**. Der Partner fühlt sich ausgeklammert.

Man kann aber aus jedem Appell eine Frage machen. Sie würden zum Beispiel mehr Geschick zeigen durch die rhetorische Frage: „Darf ich mal kurz unterbrechen?" Eine rhetorische Frage ist übrigens eine Frage, auf die man keine Antwort erwartet.

Sie ist eine Höflichkeit und bezieht den Partner mit ein. Aus dem Monolog wird ein Dialog. Der Tonfall wird angenehmer; es kommt Musik in Ihre Sprache.

Achten Sie darauf auch im **schriftlichen Gespräch**? Stellen Sie in Ihren **Briefen** an passender Stelle auch Fragen, oder beschränken Sie sich auf Aussagesätze und Appelle?

14

5. Lange Monologe vermeiden

Wenn Sie die vorangegangene Empfehlung beachten, wechseln Sie vom Monolog zum Dialog. Sie beziehen den Partner voll in das Gespräch ein und aktivieren ihn.

Sie bannen somit die Gefahr, sich ins „eigene Grab" zu reden oder den Partner einzuschläfern.

Übrigens: Die ideale Gesprächsdauer bei einem Dialog beträgt für den einzelnen 30 Sekunden, maximal 50 Sekunden. Spätestens danach muß der andere wieder zu Wort kommen; sonst schaltet er ab oder wird angriffslustig. In beiden Fällen ist der Informationsverlust garantiert.

Jetzt werden Sie vielleicht fragen: „Wie soll ich denn in 30 bis 50 Sekunden über meinen dreiwöchigen Urlaub sprechen!?"

Ganz einfach: Sie können ausführlich und abwechslungreich erzählen, indem Sie durch offene Fragen (W-Fragen) immer wieder den Partner einbeziehen, zum Beispiel:

Wohin reisen Sie denn am liebsten?
Wie sind denn Ihre Erfahrungen mit ...land?

Lassen Sie doch Ihre **Gesprächsdauer** einmal stoppen, wenn Sie über Ihr Lieblingsthema sprechen.

Und wenn Ihr Lieblingsthema zufällig Ihr Fachgebiet ist, dann könnte der **Erguß in** Ihren **Briefen** den anderen besonders schnell erdrücken.

Ist das Ihr **Ziel**?

6. Belehrenden Tonfall und DU-Botschaft vermeiden

Es gibt erstaunlich viele Menschen, die Freude an Erziehungsaufgaben haben; sie beschränken sich jedoch überwiegend darauf, **andere** zu erziehen, anstatt sich selbst.

Man sollte aber andere ihr Tun allein verantworten lassen, sofern man nicht ihr Vormund ist.

Außerdem bedeutet Fortschritt permanente Selbstkritik (Beurteilung). Somit ist Fremdkritik ohne Eigenkritik ohnehin reinste Heuchelei.

Dabei verfällt man dann auch leicht in die sogenannte Du-Botschaft.

Beispiele von Du-Botschaften

a) Das sehen **Sie** ganz falsch.

b) **Sie** bringen mich völlig durcheinander.

c) **Sie** hören mir ja überhaupt nicht zu.

Du-Botschaften stellen
Schuldzuweisungen dar

7. Ich-Botschaft anwenden

Und so etwa würden sich dieselben Sätze in der Ich-Botschaft oder als Frage anhören:

a) Ich sehe das etwas/ganz anders.

b) Ich bin jetzt ziemlich durcheinander/etwas irritiert.

c) Interessiert Sie dieses Thema eigentlich?

Solche Formulierungen sind weniger bedrohlich, erzeugen weniger Abwehr und steigern das Vertrauen. Auf diese Weise wird niemand schuldiggesprochen.

8. Unbeherrschtheit und Erregung vermeiden

Es gibt eine psychologische Erkenntnis, daß zur sozialen Reife und somit zur seelisch-geistigen Gesundheit die Fähigkeit gehört, eigene Gefühle unter Kontrolle zu halten.

Das kann schwerfallen, wenn unsere Erwartungen zu hoch sind und daher nicht erfüllt werden. Der Frust setzt ein.

Andererseits aber sind emotionelle Erregbarkeit und Unbeherrschtheit immer mit Vertrauens- und Autoritätsverlust verbunden, im mündlichen Gespräch genauso **wie in der schriftlichen Kommunikation.**

Nur der Starke kann weich sein

9. Klar und deutlich sprechen

Wenn Sie beim Telefonieren peinliche Rückfragen vermeiden wollen, dann wird Verständlichkeit Ihr Ziel sein. Sie werden zu leises, zu schnelles oder zu militärisches Sprechen vermeiden und kurze, allgemeinverständliche Wörter bevorzugen.

Gerade die letzten beiden Punkte sind auch Voraussetzung für einen guten Brief.

10. Beim Thema bleiben

Es gibt Gesprächspartner, deren ausschließliches Ziel es ist, andere „manövrierunfähig" zu machen. Die Arten, dieses Ziel zu erreichen, gehen vom Primitivangriff bis zur listigen Schmeichelei. Dadurch soll man vom Kopfbereich in den Bauchbereich geleitet werden, also vom rationalen in den emotionalen Bereich. Spätestens dann ist man gefährdet, ziellos zu reden und sich zu verzetteln.

Im negativen Falle kann die Reaktion sogar Beleidigung, Verteidigung, Gegenangriff sein. Man wirkt geistig umnachtet; besser gesagt: „nicht geistesgegenwärtig". Die Argumente lassen es erkennen.

Beim schriftlichen Gespräch haben Sie zwar den Vorteil, den Bezug zum Thema, also zum (hoffentlich richtig gewählten) Betreff wieder herzustellen; allerdings ist damit die Gefahr der Verzettelung noch nicht gebannt. Dazu gesellt sich noch die Gefahr, die eigene Unfähigkeit aktenkundig zu machen, also zu dokumentieren.

11./12. Positivformulierungen bevorzugen, Negativformulierungen vermeiden

Gespräche mit negativem Inhalt (zum Beispiel Absagen und Reklamationen) werden durch Negativformulierungen doppelt negativ; man verstärkt ja die Aussage, und das hat Suggestivwirkung.*)

Dazu kommt, daß durch fehlende Mimik und Gestik die Wirkung einer Aussage ohnehin geschwächt wird; sie verliert oft sogar an Glaubwürdigkeit.

Der Partner kann eben Ihren verständnisvollen Gesichtsausdruck nicht sehen und muß ihn deshalb erraten, also vermuten.

Aber: **In den meisten Fällen ergibt Vermutung eine Negativdeutung.**

Probieren Sie es doch einmal aus:

Wie deuten Sie zum Beispiel fehlendes Lächeln bei einer Verkäuferin, einem Kellner oder einer Kollegin? Positiv oder negativ? Spricht Ihre Deutung **für** oder **gegen** die jeweilige Person?

Und eben diese Gefahr des Fehldeutens rechtfertigt auch die **oberste Regel**, die **beim Telefonieren** zu beachten ist:

Merke: Man sollte alles einen Ton höflicher sagen als beim direkten Gespräch

---

*) Beispiele hierzu im Kapitel „Das schriftliche Gespräch"

Ein anderes Wort für **Höflichkeit** ist übrigens Menschlichkeit; es hat also immer etwas zu tun mit Ethik und Kultur.

Wogegen zu stark dosierte Freundlichkeit meist als Unaufrichtigkeit interpretiert wird, zum Beispiel die freundliche Geste Gruß.

Ein angemessen freundlich entbotener Gruß wirkt glaubwürdig; ein überbetonter Gruß dagegen unaufrichtig.

Daher auch die Regel:

So freundlich wie nötig – aber so höflich wie möglich

Meiner Erfahrung nach scheint aber die Versuchung, sich gehenzulassen, beim Telefonieren besonders groß zu sein. Und das, obwohl man damit anderen die eigene Unsicherheit signalisiert.

Darüber hinaus wird auch oft nicht beachtet, daß unsere Stimme etwa zwei bis drei Stunden länger schläft als wir selbst. Wichtig für Spätaufsteher oder nach dem Büroschlaf (Pardon!).

Eine Stimme,
die nicht stimmt,
verstimmt

Wenn dann auch noch der Inhalt unserer Aussage am Bedürfnis des Partners vorbeizielt, dann ist die Kommunikationsstörung fast perfekt.

Beispiel: Der Anrufer hat das Bedürfnis, ernst genommen und mit einem Menschen hoher Kompetenz verbunden zu werden; er hat das Bedürfnis nach Geltung.

Und dann landet er „nur" bei der Sekretärin, die ihm seiner Meinung nach die höchst unpsychologische Phrase entgegenleiert:

19

„Worum handelt es sich denn"
oder
„In welcher Angelegenheit denn"

Solch indirekte Appelle werden meist als Aufforderung zum Rechenschaftsbericht gedeutet. Der so Angesprochene fühlt sich dann natürlich nicht ernstgenommen und reagiert igelig oder feindselig. Er degradiert die Assistentin blitzartig zur Tippse, und *der* erzählt er keine „Handlung" oder „Angelegenheit".

Merke: actio	– reactio
(Ursache)	– Wirkung)

Wie Sie agieren (etwas tun), so reagiert meist auch der andere.

Zügeln Sie also **die Art** von Neugier, die andere unangenehm berührt. Geben Sie zu verstehen, daß Sie im Interesse des Chefs handeln, der zu jedem Anruf eine Gedächtnisstütze wünscht; die eigentliche Angelegenheit aber betrifft selbstverständlich nur ihn, den Anrufer, und den Chef.

Verbesserungsvorschläge

Wählen Sie Fragen, die keine Verhörsituation entstehen lassen und gleichzeitig weniger Abwehr erzeugen.

Beispiele

● *„Darf ich Sie um eine kurze Vorinformation für Herrn X bitten?"*
● *„Könnten Sie mir bitte ein Stichwort zum Sachverhalt geben?"*
● *„Darf ich mir zum Sachverhalt eine kurze Notiz machen?"*

und so weiter.

Zusammenfassung

Alles in allem verlangt also das indirekte Gespräch (Telefonat) folgendes:

– mehr Höflichkeit
– höhere Konzentrationsfähigkeit
– stärkeres Einfühlungsvermögen
– mehr Selbstdisziplin
– mehr Sprachgewandtheit

3.3 Schriftliches Gespräch (Brief)

Wenn Sie sich nun mit anderen schriftlich in Verbindung setzen, also durch das geschriebene Wort kommunizieren, dann ist das ein schriftliches Gespräch.

Und moderne Korrespondenz heißt eben **zeitgemäßer** Austausch schriftlicher Äußerungen.

Sprache kommt ja von Sprechen; deshalb sollten Sie auch für diese dritte Gesprächsart die derzeit gültige (gepflegte!) Standardsprache wählen. Dann werden Sie mit Sicherheit eine unmittelbare Wirkung erzielen, und zwar überregional.

Auf einen kurzen Nenner gebracht:

> **Merke:** Verwenden Sie im Brief die Formulierungen, Sprechrhythmen und Satzlängen, die Sie Ihrem Gesprächspartner gegenüber auch für das direkte und indirekte Gespräch wählen

Haben Sie Mut zur klaren, unverkrampften Ausdrucksweise. Sprechen und Denken sind ja bekanntlich identisch; und Einfachheit ist ja immer das Siegel des Guten.

Hochsprache · Die eben erwähnte Standard- oder Hochsprache ist (allen Unkenrufen zum Trotz) das allgemeingültige Verständigungsmittel. Folglich sollte man sich ihrer bedienen, wenn man allgemeinverständlich korrespondieren will.

Manche Berufsgruppen kämpfen ja leidenschaftlich und gnadenlos um ihre eigene Sprache; dabei ist es immer nur der Verstand, der das Seziermesser ansetzt und sprachliche Verbesserungen stutzt. Man funktioniert eben so gut mit den liebgewordenen Phrasen und Fachsprachen.

Selbstverständlich steht allen Fachmenschen, also den Damen und Herren Philologen, Psychologen, Informatikern, Physikern, Juristen, Bankkaufleuten usw. ihr Fachvokabular unter Gleichgesinnten zu. Der Laie, dem dieser Zunftjargon nicht vermittelt wurde, ist damit jedoch hoffnungslos überfordert.

Sprachlich derart Geschundene behaupten dann gelegentlich, daß zum Beispiel Ärzte nur aus Angst, bei Fehlern ertappt zu werden, lateinisch sprächen; der Patient soll nicht merken, wenn sie sich irren.

Aber **Ziel** unserer Gespräche ist es ja, **verstanden zu werden**.

Als kleine Kostprobe auf die weiteren Kapitel hier ein paar abschreckende Beispiele aus Urgroßvaters Zeiten. Offensichtlich empfindet so manches vernunftbegabte Wesen solche Texte auch heute noch als zeitgemäß; sonst würde man sie ja nicht mehr schreiben. Wer dokumentiert schon freiwillig mangelnde Beweglichkeit oder Rückschritt.

Prüfen Sie doch bitte einmal, ob Sie folgende Formulierungen im persönlichen Gespräch, also wenn Ihr Partner vor Ihnen säße, verwenden würden (da es sich um Originaltexte handelt, wurden die Rechtschreibfehler übernommen):

Abschreckende Beispiele aus Briefen	**Übertragen auf das direkte Gespräch** *(Gesprächspartner sitzt vor Ihnen)*
Bezugnehmend auf Ihr Schreiben teilen wir Ihnen folgendes mit:	*Bezug nehmend auf Ihr Erscheinen teile ich Ihnen folgendes mit:*
Wir bestätigen dankend den Erhalt Ihres Schreibens und nehmen dazu wie folgt Stellung:	*Ich bestätige dankend den Erhalt Ihrer Frage/Anfrage und nehme dazu wie folgt Stellung:*
In der Hoffnung, Ihnen mit diesen Angaben gedient zu haben, verbleiben wir ...	*Kommentar: „Fröhliche Niederkunft!"*

Ganz nebenbei: **Glaube, Hoffnung** und **Liebe** sind zwar durchaus beachtliche christliche Tugenden; sie haben allerdings in der Sachprosa nichts zu suchen. Außerdem drücken die Wörter „glauben" und „hoffen" Unsicherheit aus, und das wiederum baut das Vertrauen des Partners ab.

Was hätten Sie denn zum Beispiel für ein Gefühl bei folgender Antwort eines Passanten, den Sie nach dem Weg gefragt haben:

„Ich **glaube**, Sie müssen links lang gehen, das heißt, ich **glaube**, rechts lang ist wohl doch günstiger; **hoffentlich** kommen Sie auch an."

Nicht besonders vertrauenerweckend, stimmt's?

Aber wie gesagt: Diese kurzen Beispiele sollten nur die Hauptregel für das schriftliche Gespräch unterstreichen.

Mehr darüber können Sie in dem Kapitel „Fehlerarten" nachlesen.

Drei Hauptsünden · Vielleicht interessieren Sie in diesem Zusammenhang noch folgende drei Hauptsünden:

Drei Hauptsünden, die jeden Fortschritt verhindern

1. Man weiß nicht,
   was man nicht weiß
2. Man überbewertet sich
3. Man schämt sich, gegenüber
   anderen zuzugeben,
   daß man Lücken hat

Kurzkommentar zu den drei Hauptsünden

Das Hauptmotiv aller menschlichen Handlungen soll ja das Motiv nach Geltung sein; das heißt: Alles, was wir tun, tun wir, um Geltung zu erlangen; und alles, was wir bewußt unterlassen, das unterlassen wir, um Geltung nicht zu verlieren.

Das kann bewirken, daß ein großes Mißverhältnis besteht zwischen dem, was wir sein möchten, und dem, was wir in Wirklichkeit sind. Es besteht also eine Diskrepanz zwischen unserem Wunschdenken und der Wirklichkeit.

Deshalb **(Hauptsünde 1)** weiß man oft nicht, was man nicht weiß. Vielleicht will man es auch gar nicht wissen, weil das Gefühl so schön ist, ein toller Hecht zu sein.

Die logische Folge ist dann **(Hauptsünde 2)**, daß man sich überbewertet. Das führt zu einem verzerrten Selbstbild und zu mangelnder Aufgeschlossenheit gegenüber Neuerungen. Die eigene Vermessenheit ist einem im Wege.

Das Gegenstück dazu **(Hauptsünde 3)** ist die Scham davor, Wissenslücken zuzugeben. Dadurch blockt man zumindest Weiterbildung und Wissenszuwachs ab, natürlich zum eigenen Nachteil.

Außerdem kommt man schnell in den Ruf, ein Hansdampf in allen Gassen zu sein. Es gibt nämlich Abertausende von Wissensgebieten auf der Welt, aber keinen einzigen Menschen, der einen Durchblick hat (tröstlicherweise also weder die Sekretärin noch der Chef; darum braucht er sie ja).

Merke: Unser Wissen ist tümpelhaft, gemessen an unserem ozeanischen Unwissen

Trotzdem gibt es bekanntlich auch unendlich viele Möglichkeiten, sich geistig weiterzuentwickeln. Wir wollen ja schließlich nicht nur physisch (= körperlich) wachsen, sondern auch geistig; sonst laufen wir ja Gefahr, im Alter mit einem Ochsen verglichen zu werden. Der nimmt auch nur an Fleisch zu.

Was aber hindert uns an geistigem Fortschritt? Hier ein paar Beispiele:

Merkmale für geistigen Stillstand und Rückschritt

– Desinteresse
– Trägheit
– Überheblichkeit
– Routine

Routine ist das Grab des Fortschritts

Daß Unwissenheit fast immer die Folge von Trägheit ist, hat sich bereits herumgesprochen.

Daß das „R" von „Routinetätigkeiten" aber gleichzeitig das „R" für „Rationalisierungsmöglichkeit" bedeutet, ist vielleicht nicht jedem bekannt.

RIP-System · Prüfen Sie doch einmal Ihre Arbeitsmittel und -methoden nach dem bekannten RIP-System:

R = Routine	nicht vermeidbar, muß aber auf ein Minimum beschränkt bleiben; oft delegierbar oder verbesserungsbedürftig
I = Innovation	(Erneuerung, Erweiterung, Verbesserung) ständig erforderlich, wenn man nicht auf der Strecke bleiben will
P = Persönlichkeitsentwicklung	Firma und Gesellschaft brauchen starke Persönlichkeiten (was tun Sie denn in dieser Richtung?)

Um beim letzten Punkt zu beginnen:

Falls Sie zu den Personen gehören, die ständig unter Zeitdruck stehen, dann kommt die Persönlichkeitsentwicklung bei Ihnen wahrscheinlich zu kurz. Sie laufen nämlich Gefahr, in Routine zu versumpfen, fachblind zu werden oder verfrüht „das Zeitliche zu segnen".

Was können Sie ändern? – Ganz einfach:

Kernfragen der Organisation · Da wir ja hier vorrangig über zeitgemäßes Korrespondieren im weitesten Sinne sprechen, soll auch alles erwähnt werden, was im weitesten Sinne dazugehört. Eine Hilfe dabei können zunächst die Kernfragen der Organisation sein:

Kernfragen der Organisation

1. Ist diese Tätigkeit in dieser Form überhaupt notwendig?

2. Dient diese Aufgabe dem Unternehmensziel?

3. Ist der Nutzen größer als der Aufwand?

Schriftgutaufbereitung · (ein nur mittelmäßig bekanntes, in meinen Augen jedoch schauerliches Wort)

Bevor Briefe, Berichte, Mitteilungen als Reinschrift geschrieben werden, werden sie in den meisten Fällen bearbeitet, aufbereitet, vorbereitet.

Das Ganze soll

a) möglichst rationell geschehen und

b) demjenigen, der diese Texte nachbereitet, wirkliche (Schreib-) Hilfe und Erleichterung bringen.

Beide Bedingungen können leicht erfüllt werden, wenn man sich für Phonodiktat entscheidet („Regeln für Phonodiktat" DIN 5009, Beuth Verlag GmbH, Berlin). Das Erlernen und Anwenden dieser Regeln ist ausgesprochen einfach, und die Vorteile für den Betrieb liegen auch auf der Hand:

Vorteile für Mitarbeiter und Betrieb durch Phonodiktat

1. Hohe Wirtschaftlichkeit
2. Arbeitsvereinfachung (bessere Konzentration)
3. Kostensenkung durch Zeitersparnis
   – erhöhte Ansagegeschwindigkeit
   – Wegfall der Aufnahmezeit
4. Optimale Schreibleistung durch Wegfall von Warte- und
   Wegzeiten
5. Optimale Auslastung der Schreibmaschinen
6. Bessere und schnellere Arbeitsbewältigung bei
   Personalausfall und Termindruck

Trotz all dieser Vorteile durch Phonodiktat soll es noch eine ganze Reihe Herren geben, die es vorziehen, sich eine Dame „auf den Schoß" zu holen oder ihre Texte prähistorisch zu pinseln.

Hübsch teuer das Ganze, wobei der letzte Punkt natürlich nicht nur Herren betrifft, sondern auch Damen, die selbständig formulieren.

Aber mal im Ernst: Wenn man davon ausgeht, daß eine Schreibkraft heute etwa 1,– DM in der Minute kostet, dann dürften ranghöhere Mitarbeiter wohl ein paar Pfennig mehr kosten... Und wieviel Geld Sie allein bei der Schriftgutaufbereitung täglich zum Fenster rausschmeißen, zeigt Ihnen folgende Tabelle:

Wirtschaftliche Aspekte der Schriftgutaufbereitung

Art des Diktats	Ansage- geschwindigkeit je Minute	Bemerkungen
Handschriftliches Konzept	17 Silben	– höchste Diktatkosten – geringe Schreibgeschwindigkeit wegen schlechter Lesbarkeit

Maschinendiktat	28 Silben	– voller Zeitaufwand für **zwei**
		  Personen
		– erhöhte Fehlerquote beim Schreiben
		  (Chef im Nacken = Nervosität!)

Stenogramm-
ansage
	80 bis 100 Silben	– voller Zeitaufwand für **zwei**
		  Personen
		– hohe Wartezeiten für Sekretärin
		  (Telefon, Besucher, Denkpausen)

Phonodiktat	200 Silben	– hohe Wirtschaftlichkeit
		– Unabhängigkeit von Ort
		                 Zeit
		                 Person

Die Zahlen wurden ausschließlich in der Praxis ermittelt; sie sind nicht herstellerbezogen und nicht theoretisch.

Sonstige Vorteile durch Phonodiktat · Natürlich ist die wirtschaftliche Seite nur ein Aspekt. Der eine oder andere Luftikus mag vielleicht denken: „Interessiert mich nicht, da hab' ich nichts davon."

Aber das wiederum ist ein Trugschluß!

Empfängerorientiertes Korrespondieren heißt doch zunächst einmal, fähig und bereit zu sein, sich in die Situation anderer hineinzudenken (Empathie).

Fangen Sie doch mal bei der eigenen Sekretärin oder Typistin an. Sie werden es nicht glauben, aber *Sie* haben eine ganze Menge Vorteile durch Phonodiktat, zum Beispiel:

– besseres Betriebsklima
– weniger Fehler im Schriftgut
– weniger Störungen
– weniger Rückfragen
– schnellere Rückgabe des Schriftgutes

Jetzt höre ich Sie direkt fragen:

„**Besseres Betriebsklima** durch Phonodiktat???"

Selbstverständlich!

Unleserliche Konzepte vermitteln der Sekretärin Versagensgefühle; das kann zu Lustlosigkeit, Inaktivität und Verärgerung führen.

Ich habe ganze Garnisonen entmutigter Sekretärinnen erlebt, die sich mit einem hingefetzten Bleistiftkonzept rumquälten (übrigens: Das wissen Sie ja, Denken, Sprechen und Schreiben – im weitesten Sinne – sind vorrangig eine Sache des Charakters, nicht der Sprache). Wenn der Verfasser solcher Texte dann noch stummelige Bleistifte benutzt, fließen diese Charakterschriften oft soweit ineinander, daß das Konzept ein einziges Schwammgemälde ist.

Was glauben Sie, wieviele Sekretärinnen in Büros in mieser Beleuchtung oder zu starker Sonneneinstrahlung sitzen, und wie diese Konzepte dann blenden.

Trotz der Strapaze für die Augen **arbeiten** die Sekretärinnen zwar und stressen sich mit der stupiden Tätigkeit „Entziffern"; Leistungsnachweis allerdings haben sie keinen.

Die Folge davon ist dann meist noch Unzufriedenheit des Auftraggebers. Und dann erwartet man vielleicht von einer derart geknechteten Sekretärin noch Streicheleinheiten?! Sie wird bestenfalls Haare auf den Zähnen haben, und zwar so viele, daß man sie toupieren kann. Es ist ja auch kein Wunder.

Außerdem erhöht sich durch die unrationellen Arbeitsmethoden solcher Auftraggeber automatisch die Fehlerquote. Die Kritik nimmt zu, und die Sekretärin fühlt sich auch noch niedergemetzelt.

Ähnlich geht es mancher Dame bei Rückfragen wegen unleserlicher Fachausdrücke. Ihre eigene (unproduktive) Arbeitsunterbrechung wird kaum registriert; die Unterbrechung der Verursacher dagegen meist als unangenehme Störung empfunden. Das wiederum lastet man natürlich nicht sich, sondern der Typistin an.

Manchmal wird dann die vermeintliche Unwissenheit noch mit süffisanten Bemerkungen quittiert wie: „Habt ihr denn nur Finger und kein Hirn!" oder „Es gibt eben Denker und Schreiber ...".

Zusammenfassend kann ich sagen:

Wenn ein Konzept (möglichst auf Tonträger) gut ist, dann kann man auch eine gute Reinschrift erwarten. Meist erkennt man doch an der Reinschrift die Art der eigenen Vorgabe.

Also: Falls Ihnen Reinschriften zu schlecht und Wartezeiten zu lang erscheinen, sollten Sie vielleicht einmal prüfen, ob **Sie** die Voraussetzungen für einwandfreies Schriftgut erfüllen, zum Beispiel: Ansage aller Satzzeichen, **zeitgemäßes** Buchstabieren schwieriger Begriffe usw.

Falls Ihnen die Neuerungen beim deutschen Buchstabieralphabet noch nicht bekannt sind, hier sind die derzeit gültigen Alphabete:

Buchstabieralphabete

Deutsch		International	NATO	Englisch	Französisch
A	= Anton	Amsterdam	Alpha	Abie	Anatole
Ä	= Ärger	–	–	–	–
B	= Berta	Baltimore	Bravo	Baker	Berthe (Benjamin)
C	= Cäsar	Casablanca	Charly	Charly	César
CH	= Charlotte	–	–	–	–
D	= Dora	Dänemark	Delta	Dog	Désirée
E	= Emil	Edison	Echo	Easy	Emile (Edouard)
F	= Friedrich	Florida	Foxtrott	Fox	François
G	= Gustav	Gallipoli	Golf	George	Gaston
H	= Heinrich	Havanna	Hotel	How	Henri
I	= Ida	Italia	India	Item	Isidore
J	= Julius	Jerusalem	Juliett	Jig	Jean
K	= Kaufmann	Kilogramm	Kilo	King	Kléber
L	= Ludwig	Liverpool	Lima	Love	Louis (Lazare)
M	= Martha	Madagascar	Mike	Mike	Marie
N	= Nordpol	New York	November	Nan	Nicolas
O	= Otto	Oslo	Oskar	Oboe	Oscar
Ö	= Ökonom	–	–	–	–
P	= Paula	Paris	Papa	Peter	Paul (Pierre)
Q	= Quelle	Quebec	Quebec	Queen	Quebec
R	= Richard	Roma	Romeo	Roger	Robert
S	= Samuel	Santiago	Sierra	Sugar	Suzanne (Samuel)
Sch	= Schule	–	–	–	–
T	= Theodor	Tripolis	Tango	Tare	Théophile
U	= Ulrich	Uppsala	Uniform	Uncle	Ursule
Ü	= Übermut	–	–	–	–
V	= Viktor	Valencia	Viktor	Victor	Victor
W	= Wilhelm	Washington	Whisky	William	Wagon
X	= Xanthippe	Xanthippe	X-ray	X-ray	Xavier
Y	= Ypsilon	Yokohama	Yankee	Yoke	Yvonne
Z	= Zacharias	Zürich	Zulu	Zebra	Zoé

Beim Phonodiktieren und Telefonieren im Inland ist das deutsche Buchstabieralphabet zu benutzen, bei Auslandsgesprächen das jeweils zutreffende Alphabet.

Wenn nun mit Ihrer Hilfe, also mit Hilfe guter oder verbesserter Arbeitsmethoden, auch **einwandfreies Schriftgut** geliefert wird, dann sollte Ihre Dame von Ihnen unbedingt ein **Feedback** (Rückmeldung) bekommen.

Postskriptum · Und wenn es eben noch etwas zu bemängeln gibt und Ihnen eine Beanstandung nicht so leicht von den Lippen kommt, dann kann Ihnen, genau wie beim Lob, das **Postskriptum** helfen; Sie brauchen es nur dem zurückgehenden Schriftgut markiert beizulegen.

Postskriptum

1. *Sie haben sehr gut geschrieben. Vielen Dank.* ☐
2. *Bitte das Konzept als endgültige Fassung schreiben* ☐
3. *Abschreiben auf Metall-/Papierfolie/Barytpapier* ☐
4. *Übersetzen in*
   a) *Englisch* ☐
   b) *Deutsch* ☐
   c) *Französisch* ☐
5. *Beiliegende Formulare bitte ausfüllen* ☐
6. *Abschreiben auf weißes A4-Blatt* ☐
7. *Bitte Umschlag schreiben* ☐
8. *Umschlag ist zu groß/zu klein* ☐
9. *Adresse laut Anlage* ☐
10. *Die Zeichensetzung ist nicht ganz richtig* ☐
11. *Bitte die Einteilung ändern* ☐
12. *Die Rechtschreibung stimmt nicht ganz* ☐
13. *Das Schriftbild ist nicht einwandfrei* ☐
14. *Ein Durchschlag fehlt* ☐
15. *Die Anlagen sind nicht vollzählig* ☐
16. *Der Rand links/rechts ist zu breit/zu schmal* ☐
17. _____
18. _____

Postdiktatum · Auch Diktanten brauchen natürlich Impulse von au-ßen. Viele Schreibdamen geben aber vor lauter „Schmetterlingen im Bauch" ihre Verbesserungsvorschläge nicht weiter. In diesem Fall wäre das Postdiktatum eine gute Lösung; es kann beliebig verändert werden.

Postdiktatum

1. *Die Ansage war gut zu verstehen. Vielen Dank.* ☐

2. *Die Ansage war im großen und ganzen gut zu verstehen* ☐

3. **Ich konnte nicht sofort verstehen** ☐
   a) *einige Schlußsilben* ☐
   b) *Eigennamen (bitte buchstabieren)* ☐
   c) *Fremdwörter (bitte buchstabieren)* ☐

4. **Bitte zu Beginn angeben** ☐
   a) *Art des Vordrucks* ☐
   b) *gewünschte Durchschlags- oder Kopienzahl* ☐
   c) *Zeilenabstand bei Sonderwunsch* ☐

5. *Es sind oft lange Pausen innerhalb eines Satzes aufgetreten* ☐

6. *Es ist nicht nötig, besonders langsam zu sprechen* ☐

7. *Nebengeräusche waren störend* ☐

8. *Lange Sätze bereiten Schwierigkeiten beim Übertragen* ☐

9. *Die Angabe der Satzzeichen erleichtert die Übertragung* ☐

10. *Die Angabe eines Absatzes erleichtert die Briefgestaltung* ☐

11. *Nachträglich angesagte Hervorhebungen (Einrückungen, Großbuchstaben, Sperrungen usw.) können nicht mehr berücksichtigt werden* ☐

12. *Wegen nachträglich angesagter Änderungen mußte das Schriftstück neu geschrieben werden* ☐

13. _____

14. _____

Weitere Hinweise und ausführliche Regeln zu den Punkten 9/11 (Postskriptum) und 9/10 (Postdiktatum) im Kapitel „Orthographie" und „Interpunktion".

Punkt 8 im Postdiktatum heißt:

Lange Sätze bereiten Schwierigkeiten beim Übertragen.

Ich knüpfe an diesen Punkt an und empfehle, zunächst ein paar grundsätzliche Erkenntnisse zu beachten:

Brieflänge · Das Ergebnis ungezählter Schriftgutanalysen zeigt, daß auch heute noch ein Großteil von Geschäftsbriefen zu lang ist, und zwar zwischen 47 % und 53 % (eigene Ermittlungen).

Fernschreiben sind sogar bis zu 72 % zu lang, weil in den wenigsten Fällen die Telexsprache benutzt wird.

Wann ist nun ein Satz oder ein Brief zu lang?

Hier ein paar **Faustregeln:**

1. **Ein Brief ist zu lang, wenn er Überflüssiges enthält.**
   (Phrasen, Floskeln, Wiederholungen, Langatmigkeiten)

2. **Ein Satz ist zu lang, wenn er schwer verständlich ist.**
   Je mehr Wörter ein Satz enthält, desto schwerer ist er zu verstehen.

3. **Ein Wort ist zu lang, wenn es schwülstig ist.**
   Eine Vielzahl von Silben je Wort ist ein Gradmesser für Schwulst.

Fangen wir also bei Punkt 3 an:

Briefe bestehen ja bekanntlich aus Sätzen, Sätze aus Wörtern und Wörter aus Silben. Wenn Sie also Kürze anstreben, dann sollten Sie beginnen, mit Silben zu geizen.

Anders ausgedrückt: Wenn Ihre Geschäftsbriefe kürzer und damit wirkungsvoller werden sollen, dann bevorzugen Sie möglichst kurze, prägnante Ausdrücke.

Sparen Sie Silben ein

schlecht	besser
aller Wahrscheinlichkeit nach	wahrscheinlich
auf Grund von	wegen
aus diesem Grunde	deshalb
in Abzug bringen	abziehen
in Rechnung stellen	berechnen
mit Ausnahme von	außer
Mitteilung zukommen lassen	mitteilen
eine Überprüfung vornehmen	prüfen
sämtliche	alle
unter Bezugnahme auf	sich beziehen auf
Silben gesamt: 57	Silben gesamt: 27

Die Wirkung nimmt mit der Kürze zu

Ein Satz ist zu lang, wenn er schwer verständlich, also nicht durchsichtig oder nicht übersichtlich ist.

Ein Satz, der mehrfach gelesen werden muß, kann kein leicht verständlicher Satz sein.

Es gibt daher auch für die Verständlichkeit von Sätzen eine **Faustregel:**

Note	Bemerkung	Zahl der Wörter je Satz
1	sehr leicht verständlich	1 – 13
2	leicht verständlich	14 – 18
3	verständlich	19 – 25
4	schwer verständlich	26 – 30
5	sehr schwer verständlich	mehr als 30

Betrachten Sie diese Zahlen bitte als Richtwerte, die selbstverständlich Ausnahmen zulassen, aber eben möglichst wenige.

So hat Kürze zum Beispiel dort ihre Grenzen,

– wo sie Mißverständnisse verursacht
– wo sie Härten oder Mißklang erzeugt
– wo sie den Stil holprig und unrhythmisch macht

Soviel also zu kurzen, klaren Ausdrücken und Sätzen.

Vier Verständlichmacher · Und jetzt zu optimal verständlichen Briefen: Auch hierfür gibt es zunächst ein Rezept; es stammt von mehreren Psychologen, deren Aufgabe es vor Jahren war, allgemeingültige Texte auf Verständlichkeit zu prüfen. Da das Ergebnis mangelhaft war (75 % der Texte waren unverständlich), hier ihre Empfehlung:

Die vier Verständlichmacher

1. Einfachheit im Ausdruck

2. Gliederung und Ordnung

3. Kürze und Prägnanz

4. Zusätzliche Stimulanz
   wie persönliche Ansprache
   und Abwechslung im Ausdruck

Da diese Empfehlung in sich schon klar verständlich ist, bedarf sie keiner großen Erklärung; deshalb hier nur ein paar Hinweise zu den einzelnen Punkten:

1. Einfachheit im Ausdruck

Ergänzend zu dem bisher Gesagten über kurze Wörter und Sätze (Seite 32):

Wählen Sie einfache, bekannte Wörter. Falls sich Fremdwörter oder Fachausdrücke nicht vermeiden lassen, sollten sie vereinfacht erklärt werden. Man könnte Ihnen sonst mangelnde Mitteilungsbereitschaft unterstellen.

2. Gliederung und Ordnung

Auch hierfür eine Faustregel: Jeder neue Gedanke verlangt einen Absatz (nicht neue Zeile, sondern zweimal schalten). Kein Gedanke sollte länger als 11 Zeilen sein (maschinenschriftlich); spätestens dann beginnt die Unübersichtlichkeit.

3. Kürze und Prägnanz

Da haben wir schon wieder so ein schönes Fremdwort: „Prägnanz"; es bedeutet soviel wie Schärfe, Genauigkeit und Knappheit des Ausdrucks. Hier wird empfohlen, sich auf Wesentliches zu beschränken und sich so klar und genau wie möglich auszudrücken. Dies gelingt um so besser, je klarer man das Ziel und den Ansprechpartner vor Augen hat und sich darauf konzentriert.

4. Zusätzliche Stimulanz (= Anreiz, Antrieb)

Unter diesen Punkt fällt alles, was den **Verstand und** das **Gefühl** des Lesers anspricht.

- Achten Sie auf Abwechslung in der Formulierung.
- Stellen Sie Fragen, und sprechen Sie den Partner an.
- Gehen Sie auf seine Bedürfnisse ein.
- Vermeiden Sie jede Art von Schreibroutine; sie macht lustlos beim Schreiben und beim Lesen.

Soweit also die Verständlichmacher. Sie sind wichtig und merkenswert, denn Menschen wollen mühelos verstehen.

Der letzte Punkt allerdings, die zusätzliche Stimulanz, streift bereits den psychologischen Teil eines guten Geschäftsbriefes. Das ist genau der Teil, der in der Praxis am häufigsten vernachlässigt oder mißachtet wird.

Drei untrennbare Merkmale · Ein Brief muß aber noch lange nicht gut sein, wenn er stilistische, grammatikalische und formale Neuerungen enthält. Zu einem guten Brief gehören noch folgende untrennbare Merkmale:

Drei untrennbare Merkmale
1. Sachlicher Entschluß (keine Vermutungen und Meinungen, sondern Fakten) 2. Sprachliche Fassung (zeitgemäße Sprache) 3. Psychologischer Teil (volle Konzentration auf den Partner)

Wie bereits erwähnt, schneidet in der Praxis **der erste Punkt**, das **Sachliche**, noch **am besten** ab. Im Regelfall gelingt es Fachleuten problemlos, sich zum sachlich-fachlichen Teil zu äußern. Sie kennen sich in ihrem Fachgebiet aus und „legen los". Was man gut kann, tut man eben gerne und zügig.

Punkt 2 jedoch, die **sprachliche Fassung**, ist oft dringend **veredelungsbedürftig**. Es wimmelt noch von Einheitsausdrücken vergangener Jahrhunderte. Man hält sie für richtig, weil die Mehrheit sie benutzt, und übernimmt sie kritiklos. So wird man zum „NVD" (Nicker vom Dienst) und macht nach.

Zeitgemäße Neuerungen rauschen vorbei (bleiben unbeachtet), weil sie fremd oder sogar falsch erscheinen.

Die **jämmerlichste Rolle** bei den untrennbaren Merkmalen fällt allerdings dem **psychologischen Teil** zu **(Punkt 3)**.

Die Mißachtung oder Vernachlässigung des psychologischen Teils zeigt sich zum Beispiel:

● an der Negativbeeinflussung des Partners
  (besonders am Briefanfang und -schluß)

● an gönnerhaft-überheblichen Formulierungen
  „... entgegenkommenderweise sind wir bereit ..."

● am belehrenden Tonfall und zu vielen Appellen

● an oberflächlichen Antworten
  (besonders auffällig bei Bausteinkorrespondenz)

● an persönlich-gefärbten, also unsachlichen Äußerungen

● an schwerverständlichen Formulierungen
  (reine Fachsprache, seltene Fremdwörter, Endlossätze)

● an mangelnder Ansprache des Partners
  (*„wir ... wir ... wir ..."*)

Sprechen Sie nicht ständig über sich, sondern vorrangig über den Partner, seine Wünsche und Belange. Gute Briefe sind nicht senderbezogen, sondern empfängerorientiert.

Auf den anderen einzugehen, bedeutet nicht, die eigenen Bedürfnisse aufzugeben

Zu all diesen Punkten folgen genügend Beispiele und Verbesserungsvorschläge.

Beachten Sie aber bitte zunächst den veränderten Aufbau eines Geschäftsbriefes; er spielt hierbei eine wichtige Rolle.

3.4 Elemente des Briefaufbaus

Ursprünglich gab es acht Elemente des Briefaufbaus, heute gibt es nur noch sieben; hier sind sie:

**Bezug
Betreff
Anrede
Anfang
Schluß
Gruß
Anlagen** } *= Inhalt*

Bei flüchtiger Betrachtung könnte man annehmen, es gäbe im Brief keinen Mittelteil mehr; denn in den meisten Briefen bestanden die Elemente „Anfang" und „Schluß" ja aus Phrasen. Die Mitte war die Sache, und jetzt fehlt sie.

Bei genauer Betrachtung allerdings zeigt sich, daß Anfang und Schluß bereits den Inhalt ergeben.

Kurzerklärungen zu den einzelnen Elementen des Briefaufbaus:

Bezug

Frage: Wo und wodurch bezieht man sich auf den Empfängerbrief?

Antwort: In der Bezugszeichenzeile oder im Bezugsblock
durch Kurzzeichen und Datum, also nur **einmal**,
und zwar auf rationellste Weise.

Beispiele:

WRS Verlag Wirtschaft, Recht und Steuern, Postfach 1363, 8033 Planegg/München

Ihre Zeichen	mä-ge
Ihre Nachricht vom	00.00.00
Unser Zeichen	po-wi
Sachbearbeiter	Herr Popp
☎ Durchwahl	12 34
Interne Vermerke	1200
Datum	00.00.00

Fehlt ein speziell vorgedruckter Platz für den Bezug, dann folgen die Angaben nach dem Betreff in Kurzform. Das gilt auch, wenn man sich auf ein Telefonat oder direktes Gespräch bezieht.

WRS Verlag Wirtschaft, Recht und Steuern, Postf. 1363, 8033 Planegg

Ihre Zeichen

Ihre Nachricht vom

Unser Zeichen

Sachbearbeiter

Tel. Durchwahl

Interne Vermerke

Datum

Reorganisation in der Verwaltung
Ihr Schreiben vom 00.00.00 - ga-wi

o d e r

Weiterbildung der Sekretärinnen
Telefonat vom 00.00.00 - Herr Kunze, Firma ABC - Frau Wilms, Firma XYZ

Kommanditgesellschaft
Sitz Planegg. Registergericht München HRA 52681
Persönlich haftende Gesellschafterin
WRS Verlag Wirtschaft, Recht und Steuern GmbH
Sitz Planegg
Registergericht München HRB 45559

Geschäftsführer
Dr. jur. Günter Friedrich
Dr. rer. pol. Manfred Jahrmarkt
Günter Oßwald

Beiratsvorsitzender Günter Gaedeke

· ANSCHRIFT: Fraunhoferstr. 5, Postfach 1363, 8033 Planegg/München
· TEL.: (089) 8577944-49 · BTX: *339338# · TELEGR.: WRS Verlag
· POSTGIRO: München (BLZ 700 100 80) 2082-803
· BANKEN: Deutsche Bank Planegg (BLZ 700 700 10) 9406000
            Dresdner Bank München (BLZ 700 800 00) 6 622 999 00
            Raiffeisenbank Zorneding (BLZ 701 696 19) 222 100

Fehler: Mancher Bezug wird bis zu dreimal angegeben:

- in der Bezugszeile unter *„Ihre Nachricht/Ihre Zeichen"*
- im Betreff: *„Ihr Schreiben vom ... über ..."*
- am Briefanfang:

a) *„Wir nehmen Bezug auf Ihr obiges Schreiben und teilen Ihnen folgendes mit:"*

b) *„Unter Bezugnahme auf Ihr Schreiben vom 00.00.00 müssen wir Ihnen mitteilen, daß ..."*

c) *„Bezug nehmend auf unser Telefongespräch vom 00.00.00 teilen wir Ihnen vereinbarungsgemäß mit, daß ..."*

Man muß das wohl dreimal sagen, um Pannen zu vermeiden. Das ist wie Hosenträger, Gürtel und Sicherheitsnadel; umständlich, zeitraubend, pingelig und falsch.

Verbesserungs-vorschläge:

a) Entfällt, da im Bezugsblock bereits erwähnt.

b) Entfällt, da im Bezugsblock bereits erwähnt.

c) *„Wie gestern telefonisch besprochen (vereinbart), ..."*

Betreff

Frage: Was ist der Betreff (wenn er nicht der Bezug sein darf)?

Antwort: Der Inhalt oder das Thema des Briefes in Stichworten.

Beispiele:

1. Reorganisation der Ablage
2. Weiterbildung des Sekretariatspersonals
3. Umsatzsteuer-Vorauszahlung 1. Quartal 19..

Fehler: Überlanger, mißverständlicher, nichtssagender oder fehlender Betreff (der Ärger beim Leser beginnt).

Anrede

Frage: Wie lautet die zeitgemäße Anrede bei unbekannten Gesprächspartnern?

Antwort:
a) *Sehr geehrte Damen, sehr geehrte Herren*
b) *Sehr geehrte Damen und Herren*

Frage: Wie lautet die zeitgemäße Anrede bei bekannten Gesprächspartnern?

Antwort: **Regel:** *Sehr geehrter Herr Dr. ... (Name)* oder } Dr.-Titel
Sehr geehrte Frau Dr. ... (Name) } abgekürzt

Ausnahme:

Wenn man im **Ausnahmefall** in der Sachkorrespondenz **besondere Verehrung** ausdrücken möchte, gelten bei Damen *und* Herren auch die Anreden:

– *Sehr **ver**ehrter Herr ... (Name)*
– *Sehr **ver**ehrte Frau ... (Name)*
– *Sehr **ver**ehrte gnädige Frau*
– *Sehr **ver**ehrter Herr Professor* } ohne Namensangabe

Diese Anreden sind als Ausnahmen zu betrachten.

Bei höheren Rängen kann man statt des Namens auch die Berufsbezeichnung als Anrede wählen; sie unterstreicht allerdings die Persönlichkeit eines Menschen niemals so stark wie der Name.

Fehler:
– Manchmal werden die Damen in der Anrede auch heute noch unterschlagen.

– Manchmal fehlt die Anrede, obwohl die Grußformel geschrieben wird; beides ist aber untrennbar. Also: entweder beides erwähnen oder beides weglassen (vorrangig bei internen Mitteilungen üblich).

– Manchmal wird nach der Berufsbezeichnung oder einem ausgeschriebenen Titel noch der Name erwähnt. Es gilt aber entweder das eine oder das andere.

41

Anfang

Frage: Was sollte nie am Anfang eines Briefes stehen?

Antwort:
– etwas Negatives
– eine Phrase
– die Wiederholung des Bezugs

Fehler: Folgende Negativbeispiele aus der Praxis enthalten Mehrfachfehler; es sind abschreckende Phrasen aus Urgroßvaters Zeiten:

● *Bezugnehmend auf Ihr Schreiben vom . . . teilen wir Ihnen mit, daß ...*

Begründung:
– Diese Phrase ist eine Wiederholung des Bezugs.
– **Bezug nehmend** schreibt man laut Duden getrennt.
– Weder im direkten noch im indirekten Gespräch sagen Sie, daß Sie etwas mitteilen; Sie tun's einfach. Der Partner merkt es von selbst, auch im schriftlichen Gespräch.

Fehler: ● *In Beantwortung Ihres Schreibens vom ... teilen wir Ihnen mit, daß ...*

Begründung: – Ebenfalls die Wiederholung des Bezugs, also eine Phrase.

Fehler: ● *Wir bestätigen dankend den Erhalt Ihres Schreibens und nehmen dazu wie folgt Stellung:*

Begründung:
– Wieder eine Phrase

– *„Erhalt"* und *„Stellung nehmen"* gelten als Hauptwörterei (klingt direkt nach dem militärischen *„Stellung einnehmen"* oder *„Stellung beziehen"*).
Die beste Bestätigung ist übrigens eine gute Antwort auf den Empfängerbrief; sie ersetzt jede Phrase.

Fehler: ● *Zu unserem Bedauern müssen wir Ihnen leider mitteilen, daß ...*

Begründung: Diese Phrase enthält gleich mehrere psychologische Fehler:

– **Negativbeginn!** Kein Gespräch darf negativ beginnen, unabhängig von Gesprächsart und -inhalt; sonst beeinflußt man den Leser negativ, noch bevor er eine vernünftige Information erhält. (Warum wird in den Verwaltungen bloß soviel gejammert?)

- Die Wörter **„Bedauern"** und **„leider"** doppeln sich nicht nur (Tautologie = Doppelung sinngleicher Ausdrücke), sondern sie verstärken auch die Negativaussage.

- Das Wort **„müssen"** hat Negativanstrich; das ergibt Negativmotivation. Dieses Wort wird in hohem Maße dort überstrapaziert, wo man gar nichts „muß".

Fehler:
● *In Ihrem Schreiben vorn ... teilen Sie uns mit, daß ...*

Begründung:
Es empfiehlt sich, immer davon auszugehen, daß andere Menschen keine überflüssige Zeit haben; dann vermeidet man nämlich den Fehler, anderen die Zeit zu stehlen. Es gibt allerdings noch ganze Scharen von Zeitdieben, die den Leser mit der Wiederholung ihrer eigenen Texte einlullen. Eine Zeit- und Geldverschwendung für beide Seiten.

Das kann zu ungewollten Spannungen führen nach dem Motto: „Ich weiß alleine, was ich geschrieben habe!"

**Man muß
Achtung haben
vor der Zeit
des anderen**

Formulierungsvorschläge für Anfangssätze

1. *Sehr geehrte(r) ...,*

   unser Fachberater, Herr ..., informierte uns über Ihr Interesse an modernen Ablagetechniken.

2. *Sehr geehrte(r) ...,*

   vielen Dank für Ihr Interesse an unserer Dienstleistung. Wir sind gerne bereit, Ihr Sekretariatspersonal zu schulen, ...

3. *Sehr geehrte(r) ...,*

   entschuldigen Sie bitte den Fehler, der uns bei der Umsatz-steuer-Vorauszahlung unterlaufen ist.

43

Schluß

Frage: Was sollte möglichst am Schluß eines Briefes stehen?

Antwort: Das, was besonders intensiv nachwirken soll, zum Beispiel:

– etwas Positives oder
– eine Aufforderung zum Handeln.

Der Schluß ist das psychologisch gefärbte Ende des Sachverhalts.

Frage: Woraus darf der Schluß nicht bestehen?

Antwort: Aus Phrasen oder etwas Negativem.

Auch hierzu ein paar abschreckende Beispiele aus der Praxis:

Fehler: ● *In der Hoffnung, Ihnen mit diesen Angaben gedient zu haben, begrüßen wir Sie ...*

Begründung: Man kann zwar *„in der Hoffnung"* sein, man sollte es jedoch nicht schreiben; das klingt ja, als gäbe es nur noch „werdende" Mitarbeiter (siehe hierzu auch Kapitel „das schriftliche Gespräch" Seite 21).

„... gedient zu haben" ist zu devot und nicht mehr zeitgemäß.

Das Wort *„begrüßen"* ist am Schluß unpassend. Ich sage ja am Schluß des Unterrichts auch nicht: „Das Seminar ist zu Ende, ich begrüße Sie sehr herzlich."

Fehler: ● *Wir bedauern, Ihnen keinen günstigeren Bescheid geben zu können, und verbleiben ...*

Begründung: Negative Aussagen sind positiv zu formulieren! Sonst verstärkt man das Negative, und das ist unpsychologisch. Hier aber wird genauso gejammert wie am Anfang.

Außerdem sind Gruß und Schluß eigene Elemente, also im Regelfall zu trennen.

Das Wort *„verbleiben"* hört sich ohnehin an wie „verbleichen".

Fehler: ● *In der Anlage überreichen wir Ihnen unsere diesbezüglichen Unterlagen ...*

Begründung: Der sprachliche Zweifelsfall „in der Anlage ...“ wird zwar im Duden Nr. 9 noch zugelassen, obwohl eine Reihe anderer Deutsch-Bücher diese Formulierung schon lange ablehnen.

„*Überreichen wir*“ ist allerdings falsch, weil die Tätigkeit „überreichen“ unsere Anwesenheit erfordert; außerdem ist diese Formulierung senderbezogen und nicht empfängerorientiert (besser: „*Als Anlage erhalten Sie*“).

„*Diesbezüglich*“ ist ein unschöner, meist entbehrlicher Kanzleiausdruck (siehe hierzu Kapitel „Fehlerarten“).

Fehler: ● *Ihrer baldigen Nachricht mit Interesse entgegensehend ...*

Begründung: Selbstverständliches und Überflüssiges schreibt man nicht, und es sollte eigentlich selbstverständlich sein, daß wir an der Nachricht des Partners interessiert sind.

Oder ist mit diesem Satz wirklich die (erwähnenswerte) Ausnahme unseres Interesses gemeint?

Das Wort „*entgegensehend*“ ist ein Mittelwort der Gegenwart (Partizip Präsens) und drückt den Verlauf einer Handlung aus oder einen Zustand. Schauen Sie wirklich durch die Gegend, ob der Brief des Kunden angeflattert kommt?

Fehler: ● *Wir bitten um frdl. Kenntnisnahme und zeichnen ...*

Begründung: Ein unlogischer Schlußsatz, weil der Partner an dieser Stelle den Brief bereits gelesen, also „*zur Kenntnis genommen*“ hat; sollte er jedoch den Brief ungelesen vernichten, dann ist der Schlußsatz ebenfalls entbehrlich.

Und „*zeichnen*“ läßt man ohnehin meist in Konstruktionsbüros mit Graphos und Reißbrett.

Formulierungsvorschläge zu Schlußsätzen

– *„Bitte schicken Sie uns möglichst bald ausführliche Prospekte zu."*

– *„Falls Sie weitere Seminarprogramme wünschen, rufen Sie uns bitte an."*

– *„Es würde uns freuen, wenn Sie mit Hilfe dieser Angaben den Sachverhalt klären könnten."*

Gruß

Frage: Der Gruß ist ein eigenes Element; was sollte mit ihm nicht verknüpft werden?

Antwort: Der Schluß.

Frage: Kann der Gruß bei Individualkorrespondenz entfallen?

Antwort: Warum sollte er? Anrede und Gruß gehören immer noch zur Höflichkeit, und Höflichkeit ist Klugheit (folglich wäre Unhöflichkeit Dummheit).

Frage: Welche Grußformeln sind zeitgemäß?

Antwort: **Beispiele gängiger Grußformeln**
– *Mit freundlichem Gruß*
– *Freundliche Grüße*
– *Mit freundlichen Grüßen*
– *Mit freundlicher Empfehlung*

– *Hochachtungsvoll*)
– *Mit besonderer Hochachtung*)
– *Mit vorzüglicher Hochachtung*)
– *Mit ausgezeichneter Hochachtung*)

---

*) Diese Grußformeln sind Ausdruck besonderer Hochachtung; sie bleiben besonderer Korrespondenz vorbehalten, zum Beispiel:
– dem diplomatischen Schriftverkehr
– der Korrespondenz an Personen höherer Titel und Ränge
– der Korrespondenz an besonders verehrungswürdige Personen

Hierbei begnügt man sich nicht mit dem „freundlichen Gruß", sondern drückt hochgeachteten Persönlichkeiten gegenüber besonders große Achtung aus.

Fehler: Unglaubwürdige Übertreibungen bei alltäglichen Sachaussagen, zum Beispiel:

– *Mit den besten Grüßen*
– *Mit verbindlichen Grüßen* } = Superlativ

und

– Verknüpfungen von Schluß und Gruß, zum Beispiel:

... und begrüßen Sie hochachtungsvoll
... und verbleiben mit verbindlichen Grüßen

Bei weiteren **Abweichungen von** den **üblichen Grußformeln** spielt vor allem folgendes eine Rolle:

– die Branche (z. B. *„mit freundlichem Glückauf")*
– der Inhalt des Briefes (z. B. *„in stiller Anteilnahme")*
– das Verhältnis zum Partner (z. B. *„Ihr sehr ergebener")*

Entscheidend ist jedoch bei weniger üblichen Abweichungen in Anrede und Gruß das entsprechende Fingerspitzengefühl dem Ansprechpartner gegenüber.

Anlagen

Frage: Wann muß man Anlagen im Brief einzeln aufführen?

Antwort: Wenn es für den Absender oder Empfänger wichtig ist, zum Beispiel:
– als Gedächtnisstütze
– als Nachweis
– als Hinweis zur Postbearbeitung

Frage: Wie sieht der korrekte Hinweis auf Anlagen aus?

Antwort: **Beispiel 1**
Entlastungsformular oder Kurzbrief ankreuzen (rationellste Art).

47

Beispiel 2

In angemessenem Abstand zum vorangegangenen Text (z. B. nach Gruß, Firmenbezeichnung, Namenswiederholung) gibt es folgende Möglichkeiten für einen Hinweis auf Anlagen:

a) Anlage

b) Anlagen

c) 4 Anlagen

d) Anlagen
Lichtbild
Zeugniskopie
Lebenslauf
Bewerbung

Grad 10 (Pica) oder
Grad 12 (Elite);
bei Platzmangel in Höhe
der Grußformel
Grad 50 (Pica) oder
Grad 60 (Elite)

Beispiel 3

Die Anlagen können auch im Text erwähnt werden; das ist zwar nicht rationell, aber stilistisch manchmal empfehlenswert, zum Beispiel:

– *Die gewünschten Unterlagen liegen bei.*
– *Mit diesem Brief erhalten Sie ...*
– *Als Anlage erhalten Sie ...*
– *Beachten Sie bitte in beigefügtem Katalog ...*
usw.

Nach solchen Sätzen entfällt die Einzelaufführung am Briefende, weil das eine Doppelung wäre. In diesem Fall schreibt man nur noch:

Anlage oder *Anlagen* oder *4 Anlagen;* der Rest steht ja oben im Brief.

Frage: Macht man nach solchen Sätzen am Linksrand einen Schrägstrich (/)?

Antwort: Ich rate davon ab, weil es schreibtechnisch umständlich ist und dem Empfänger keine Hilfe bietet; er liest den Satz auch ohne Schrägstrich.

Frage: Wird der Anlagenvermerk unterstrichen?

Antwort: Nein

Zusammenfassung

Es gibt also nicht mehr 8, sondern nur noch 7 Elemente des Briefaufbaus; Grund:

Anfang und Schluß sind nicht mehr Phrase, sondern Sachverhalt

3.5 Merkmale des zeitgemäßen Mitteilungsstils

Briefinhalt früher ▼	Briefinhalt heute ▼
Phrase	**Psychologisches**
schwülstiger, langatmiger Inhalt	klarer, prägnanter, empfängerorientierter Sachverhalt
Phrase	**Psychologisches**

Jetzt drängt sich für viele vielleicht die Frage auf: „Soll ich denn meine Briefe jetzt ohne jede Höflichkeit beginnen und beenden? Unsere Briefpartner sind diese Formulierungen doch seit Jahren gewöhnt, sie erwarten von uns Höflichkeit!"

Selbstverständlich sollten wir immer so höflich wie möglich sein, und Ihre Partner haben sicher auch ein Recht, das von Ihnen zu erwarten. Nur sind eben Phrasen keine Höflichkeit.

Wie bereits anfangs erwähnt, ist Höflichkeit ein anderes Wort für **„Menschlichkeit"**, und die wiederum kommt von innen heraus.

Eine innere Haltung aber hat wenig zu tun mit einem auswendig gelernten Formalismus. Höflichkeit ist unter anderem zu erkennen an Sprachindividualismus, also an Texten, die voll auf unterschiedliche Partner und Belange eingehen.

Natürlich sollten diese Texte auch frei sein von anderen Stilfehlern, von denen es eine ganze Reihe gibt.

Kennen Sie diese Stilfehler? Anders gefragt: Sind Sie sicher, daß man Sie bereits in der Schule davor gewarnt hat? Oder haben Sie vielleicht einen ganz anderen Stil übernommen, zum Beispiel den Ihres Chefs?

Wenn Sie prüfen möchten, wie gut Ihr derzeitiger Stil ist, können Sie das mit Hilfe des folgenden Tests tun.

Test zum zeitgemäßen Mitteilungsstil

Kopieren Sie sich bitte diesen Stiltest. Unterstreichen Sie dann auf den Kopien alle Wörter und Formulierungen, die falsch oder nicht zeitgemäß sind. Anschließend können Sie die Fehler addieren und Ihren derzeitigen Kenntnisstand an der Notentabelle (Seite 79) ablesen.

Anzahl Fehler

1. *Bitte füllen Sie den Fragebogen aus und schicken Sie denselben an uns zurück.*

2. *In der Anlage überreichen wir Ihnen unsere diesbezüglichen Nachträge.*

3. *In Anbetracht der langen Lieferzeiten haben wir von einer Auftragserteilung Abstand genommen.*

4. *Die Anweisungen dürfen in keinster Weise mißachtet werden.*

5. *Zu unserem Bedauern mußten wir leider feststellen, daß Sie die Rechnung immer noch nicht bezahlt haben.*

6. *Ich habe Ihnen bereits schon einmal gesagt, daß die Zahlen dieser Tabelle zusammenaddiert werden müssen.*

7. *Im Auftrag Ihrer gesch. Firma übersenden wir Ihnen beiliegend die gewünschten Prospekte.*

8. *Herr Marx bzw. Herr Roth wird seinen Besuch an der Ausstellung ermöglichen und darüber Bericht erstatten.*

9. *Die aufgeführten Gründe veranlassen uns, den getroffenen Beschluß rückgängig zu machen.*

10. *Wir werden von Ihrer Rechnung einen Betrag von 200,00 DM in Abzug bringen.*

Fehler gesamt:

50

Die 12 häufigsten Fehlerarten

In den nächsten Kapiteln werden folgende Fehler ausführlich behandelt:

Die häufigsten Fehlerarten in Stichwörtern

- Phrasen
- Hauptwörterei
- falsch angewandte Partizipien*)
- unsinnige Abkürzungen
- Tautologie/Pleonasmus*)
- vermeidbare Superlative*)
- Kanzleiausdrücke
- entbehrliche Fremdwörter
- Grammatik- und Orthographiefehler*)
- Interpunktionsfehler*)
- psychologische Fehler
- Normfehler

---

*) Lateinische Bezeichnung	Deutsche Bezeichnung
Partizip	Mittelwort
Tautologie/Pleonasmus	Doppelung sinngleicher Ausdrücke
Superlativ	Höchststufe der Steigerung
Orthographie	Rechtschreibung
Interpunktion	Zeichensetzung

Phrasen

Gesamtübersicht abschreckender Phrasen in Urgroßvaters Stil

- *Bezugnehmend auf Ihr Schreiben vom ... teilen wir Ihnen mit, daß ...*

- *In Beantwortung Ihres Schreibens vom ... teilen wir Ihnen mit, daß ...*

- *Wir bestätigen dankend den Erhalt Ihres Schreibens und nehmen dazu wie folgt Stellung:*

– *Zu unserem Bedauern müssen wir Ihnen mitteilen, daß ...*

– *In Ihrem Schreiben vom ... teilen Sie uns mit, daß ...*

– *In der Hoffnung, Ihnen mit diesen Angaben gedient zu haben, begrüßen wir Sie ...*

– *Wir bedauern, Ihnen keinen günstigeren Bescheid geben zu können und verbleiben ...*

– *In der Anlage überreichen wir Ihnen unsere diesbezüglichen Nachträge*

– *Ihrer baldigen Nachricht mit Interesse entgegensehend ...*

– *Wir bitten um gefl. Kenntnisnahme und zeichnen ...*

Diese Formulierungen sollten für Sie ab sofort tabu sein.

Hauptwörterei

Merke: Tätigkeiten müssen durch Verben (Zeitwörter) ausgedrückt werden

Wenn Sie über eine Tätigkeit sprechen, dann sollten Sie den verbalen Ausdruck wählen, zum Beispiel:

*„Ich werde die Rechnung **prüfen“;***

sagen Sie nicht:

*„Ich werde die **Prüfung** der Rechnung **vornehmen**.“*

Wenn man nämlich aus einem Verb ein künstliches Hauptwort macht, braucht man oft zusätzlich noch ein Streckverb. Die häufigsten Streckverben sind „vornehmen" und „durchführen".

Dadurch wird der Stil langatmig und schwerfällig, weil die Natürlichkeit des Gesprächstons nicht gewahrt wird. Die Wirkung nimmt ab, was nicht unser Ziel sein kann.

Fehlerhafte Beispiele zur Hauptwörterei

1. Herr Haas wird seinen **Besuch** an der Ausstellung **ermöglichen** und darüber **Bericht erstatten**.

2. Herr Groß hat sich bereit erklärt, bei Ihren Mitarbeitern eine **Beratung durchzuführen**.

3. Wir bitten Sie höflich, den Vertrag zu überprüfen und ein Exemplar **mit Ihrer Unterschrift versehen** an uns zurückzusenden.

4. Herr Lutz **brachte die Anregung vor**, für zukünftige Fälle nur noch die **Unterschrift** eines Vorgesetzten zu **verlangen**.

5. Gestern wurde der **Beschluß gefaßt, die Anschaffung** moderner Schreibmaschinen **vorzunehmen**.

Verbesserungsvorschläge

1. Herr Haas wird die Ausstellung besuchen und darüber berichten.

2. Herr Groß ist (gerne)* bereit, Ihre Mitarbeiter zu beraten.

3. a) Bitte prüfen Sie den Vertrag und schicken Sie ein unterschriebenes Exemplar (an uns)* zurück.

   b) Senden Sie bitte ein Exemplar des Vertrages unterschrieben (an uns)* zurück.

4. Herr Lutz regte an, künftig nur noch **einen** Vorgesetzten unterschreiben zu lassen.

5. Gestern wurde beschlossen, moderne Schreibmaschinen anzuschaffen.

Merke: Weitschweifigkeit ist ein Zeichen sprachlicher und gedanklicher Unbeholfenheit

---

*) Die eingeklammerten Wörter sind „Kann"-Beispiele; man kann sie schreiben oder weglassen; beides ist richtig. Wichtig ist unter anderem der Sprechrhythmus; der Satz darf nicht holprig wirken.

Falsch angewandte Partizipien (Mittelwörter)

Tätigkeitswörter, die die Form von Eigenschaftswörtern annehmen, nennt man Mittelwörter oder Partizipien (Partizip = Anteil habend, das heißt am Tätigkeitswort und am Eigenschaftswort).

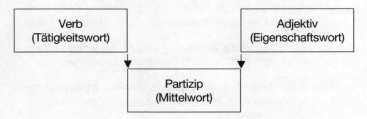

| Verb (Tätigkeitswort) | Adjektiv (Eigenschaftswort) |

| Partizip (Mittelwort) |

Das Partizip wird von der Grundform des Verbs abgeleitet; die Kennzeichen des Partizips sind unterstrichen:

Grundform des Verbs	Partizip Präsens Mittelwort der Gegenwart	Partizip Perfekt Mittelwort der Vergangenheit
singen	singend	gesungen
lachen	lachend	gelacht
lesen	lesend	gelesen
stattfinden	stattfindend	stattgefunden
verreisen	verreisend	verreist

▼

Das Partizip Präsens stellt den Verlauf einer Handlung oder einen Zustand dar.

▼

Deshalb schlechter Stil:
„Im voraus dankend ...“

Besser:
„Vielen Dank im voraus.“

▼

Das Partizip Perfekt drückt die Vollendung einer Handlung aus

Das Partizip (Mittelwort)
bezieht sich auf das Subjekt

(Frage nach dem Subjekt „wer oder was?“)

Beispiele

1. **Klirrend** zersprang die **Fensterscheibe**
   (Mittelwort)   (Satzgegenstand)

   Frage: Wer oder was klirrt?

   Antwort: die Fensterscheibe

2. **Lachend** las **ich** den Brief

   Frage: Wer oder was lacht?

   Antwort: ich

Beide Sätze stimmen also.

Lesen Sie jetzt bitte folgende Sätze nach der gleichen Methode:

Fehlerhafte Beispiele

1. **Beiliegend** übersende **ich** Ihnen die Preisliste.
2. **Anliegend** überreiche **ich** Ihnen die Unterlagen.
3. **Nachstehend** ersehen **Sie** die neuesten Preise.
4. **Beigefügt** erhalten **Sie** einen Katalog.

Fehler: Falsch angewandte Partizipien

Das Partizip verführt zu Doppelausdrücken

Häufig werden Partizipien auch dort angewandt, wo sie im Folgetext bereits enthalten sind. In den fehlerhaften Beispielsätzen sind alle entbehrlichen Partizipien gekennzeichnet:

Fehlerhafte Beispiele

1. Die **getroffene** Entscheidung hat ergeben ...
2. Die **gemachte** Erfahrung hat gezeigt ...
3. Bei der **stattgefundenen** Besprechung gab es keine neuen Erkenntnisse.
4. Die **aufgetretene** Störung konnte behoben werden.

Sie können sicher leicht erkennen, daß alle gekennzeichneten Partizipien entbehrlich sind.

Fehler: Überflüssige Partizipien

Es gibt auch Partizipien, die mit einem gesteigerten Adjektiv (Eigenschaftswort) zusammengesetzt sind, zum Beispiel das Wort „besteingerichtet".

„best" ist die höchste Steigerung von gut (besser, best), und „eingerichtet" ist das unsteigerbare Partizip.

Wir können deshalb nicht sagen:

– die besteingerichtet**ste** Wohnung
– das höchstgelegen**ste** Sanatorium
– das meistgelesen**ste** Buch

> # Das Partizip Perfekt (Mittelwort der Vergangenheit) läßt sich nicht steigern

Die jeweilige Steigerung im ersten Teil des Wortes genügt.

In wirklichen Ausnahmefällen müssen wir allerdings auch einmal unser Gefühl entscheiden lassen. Manchmal wollen wir doch eine ganz besondere Wirkung erzielen oder etwas verstärken; dann tun wir eben etwas Unerlaubtes und wählen eine unzulässige Steigerung. Nur darf dies nicht zur Strapaze für unser Ohr werden.

Fehler: Falsch gesteigerte Partizipien

Beispiele für falsch angewandte Partizipien

1. *Weitere Bewerber müssen wir aus den* **genannten** *Gründen abweisen.*

2. **Dankend** *bestätige ich den Erhalt der von Ihnen* **übersandten** *Verbesserungsvorschläge.*

3. *Die von uns* **durchgeführten** *Umfragen haben ergeben, daß die Einstellung weiterer Kräfte unbedingt erforderlich ist.*

4. *Die* **aufgeführten** *Gründe veranlassen uns, den* **getroffenen** *Beschluß rückgängig zu machen.*

Verbesserungsvorschläge

1. a) *Weitere Bewerber werden wir deshalb abweisen.*
   b) *Weitere Bewerber können wir deshalb nicht berücksichtigen.*

2. *Vielen Dank für Ihre Verbesserungsvorschläge.*

3. *Unsere Umfragen haben ergeben, daß unbedingt weitere Kräfte eingestellt werden müssen/erforderlich sind.*

4. a) *Deshalb werden wir unseren Beschluß rückgängig machen/ aufheben.*
   b) *Deshalb werden wir eine andere Entscheidung treffen.*

Abkürzungsfehler

Vermeiden Sie unsinnige Abkürzungen, weil

- abgekürzte Höflichkeit keine Höflichkeit ist
- der Eindruck der Flüchtigkeit entsteht
- der Sprech- und Leserhythmus gestört wird
- Mißverständnisse entstehen können
- oft kein Sinn in der Abkürzung steckt
  (zum Beispiel keine schreibtechnische Erleichterung)

Abkürzungsfehler	Bemerkung
1. *Mit frdl. Grüßen*	} unhöflich
2. *Verbindl. Dank für Ihre Zusage*	
3. *Frau Huber bzw. Frau Graßl*	kann Mißverständnisse geben (besser *und/oder*)
4. *Sie haben sich lt. Vertrag verpflichtet*	stört Leserhythmus; außerdem liegt die Rieseneinsparung bei **einem** *Anschlag*
5. *Wir erhielten Ihr o. g. Schreiben*	grundsätzlich entbehrliche Abkürzung

Merke: Nicht das Abkürzen, sondern die Kürze verbessert unseren Stil

57

Tautologie/Pleonasmus
(= Häufung sinngleicher Ausdrücke)

Sie kennen sicher den umgangssprachlichen Ausdruck „doppelt gemoppelt". Ist Ihnen auch schon aufgefallen, daß sich diese „Doppelmöpse" in letzter Zeit wie eine Epidemie ausgebreitet haben?

Der ‚weiße Schimmel', der ‚schwarze Rabe', der ‚alte Greis' sind hinreichend bekannt abschreckende Beispiele aus der Umgangssprache. Im geschäftlichen Sprech- wie Schriftverkehr finden sich solche Doppelungen besonders häufig im Zusammenhang mit Fremdwörtern. Das hängt damit zusammen, daß das Fremdwort oft nicht in seiner genauen Bedeutung erfaßt, sondern lediglich aus einer Art Imponierbedürfnis dem passenderen deutschen Ausdruck vorgezogen wird.

Beispiele:

− zusammenaddieren
− aufoktroyieren
− vorprogrammieren

Im weitesten Sinne bezeichnet man als Tautologie − und damit als auszumerzenden Fehler − jede Wiederholung ein und desselben Gedankens in mehreren Wendungen, wie **diese Beispiele** zeigen:

Beispiele zur Tautologie

1. *Ihr Beitrag* **in Höhe** *von 48,00 DM ist zum 01.04. eines jeden Jahres fällig.*

2. **Mit getrennter Post** *erhalten Sie* **in den nächsten Tagen** *die umfangreiche* **Dissertationsarbeit** *von Herrn Dr. Meienberg.*

3. *Ich habe Ihnen* **bereits schon** *einmal gesagt, daß alle Zahlen dieser Tabelle* **zusammenaddiert** *werden müssen.*

4. *In der* **nach***folgenden Aufstellung* **wäre eventuell** *eine Korrektur* **denkbar.**

5. *Aus Ihrer* **Rückantwort** *ging* **eindeutig klar** *hervor, daß Sie auch in Zukunft an Ihrem* **Grundprinzip** *festhalten werden.*

Verbesserungsvorschläge

1. *Ihr Beitrag von 48,00 DM ist jährlich am 01.04. fällig.*

2. *Die Dissertation von Herrn Dr. Meienberg erhalten Sie in den nächsten Tagen.*

3. a) *Addieren Sie bitte noch die Zahlen dieser Tabelle (= Appell)*

   b) *Hatte ich Ihnen schon gesagt, daß die Zahlen dieser Tabelle zu addieren sind?*
   (= Frageform und Ich-Botschaft; diese Formulierung ist psychologisch besser, weil sie kein Monolog ist; außerdem gibt sie dem Partner Gelegenheit, Gesicht zu wahren.)

4. *Folgende Aufstellung kann noch korrigiert werden.*

5. *Aus Ihrer Antwort ersehen wir, daß Sie sich auch künftig an Ihr Prinzip halten werden.*

Ich wollte Sie ausschließlich nur fragen, ob Sie bereits schon Ihre Zeitplanung auseinanderdividiert haben . . .

Jedes überflüssige Wort wirkt seinem Zweck entgegen

Superlative
(Höchststufe der Steigerung)

Erinnern Sie sich noch an Ihren Deutschunterricht der unteren Grundschulklassen? Sind Ihnen die zehn Wortarten (Seite 80) noch geläufig? Beim Adjektiv (Eigenschaftswort) wurden Sie sicher auf drei Punkte besonders hingewiesen:

1. Sachberichte dürfen keine schmückenden Adjektive enthalten.

2. In jedem anderen Sachstil ist das Eigenschaftswort falsch, wenn es nicht zwingend ist.

3. Vorsicht vor unglaubwürdigen, unzulässigen oder falschen Steigerungen des Adjektivs.

Steigerungsstufen des Adjektivs

1. Stufe ────▶ Grundstufe = Positiv
2. Stufe ────▶ Steigerungsstufe = Komparativ
3. Stufe ────▶ Höchststufe = Superlativ

Genaugenommen hat der Superlativ in der Sachkorrespondenz nichts zu suchen; er läßt das Sachliche verblassen und betont das Gefühl bis hin zur Unglaubwürdigkeit.

Beispiele: verbindlichst, höflichst, herzlichst, äußerst, dringendst, ausdrücklichst, baldmöglichst

Außerdem liegen beim Superlativ Übertreibung, Anmaßung und grammatische Unkenntnis oft dicht beieinander, zum Beispiel:

... „das weißeste Weiß aller Zeiten ..."
... „optimalste Bildschärfe zu minimalsten Preisen ..."
... „zu unserer vollsten Zufriedenheit ..."

Jeder weiß zwar: was voller ist als voll, läuft über oder zerplatzt; trotzdem werden auch unsteigerbare Wörter in den Superlativ gehoben.

Beispiele unsteigerbarer Wörter

schwarz, weiß, tot, lebendig, naß, trocken, leer, voll, rund, quadratisch, blind, sehend.

Beispiele zum fehlerhaften Superlativ

1. *Wir bitten Sie* **höflichst**, *die Mustermappen* **baldmöglichst** *an unser Werk zu schicken.*
2. *Der Betriebsrat hat dazu in* **keinster Weise** *Stellung genommen.*
3. *Der beigefügte Katalog ist unser* **einzigstes** *Exemplar.*
4. *Das Betreten des Versuchslabors muß auch in Zukunft* **ausdrücklichst** *untersagt bleiben.*
5. **Verbindlichsten** *Dank für die übersandten Unterlagen.*

Verbesserungsvorschläge

1. Bitte schicken Sie die Mustermappen möglichst bald/so schnell wie möglich an unser Werk.

2. Der Betriebsrat hat sich dazu nicht geäußert.

3. Dieser Katalog ist unser einziges/letztes Exemplar/Belegexemplar.

4. Das Versuchslabor darf auch künftig nicht betreten werden.

5. Vielen Dank für die Unterlagen.

Übertreibungen machen eine Aussage wirkungslos

Kanzleiausdrücke

Unter „Kanzleisprache" versteht man heute gespreizte, aufgeblähte, steife Wörter und Formulierungen, die von der Natürlichkeit weit entfernt sind; sie stammen meist aus der Zeit, in der es die heutige Hochsprache noch nicht gab.

Damals hatten unterschiedliche Personengruppen auch „unterschiedliche Sprachen". So unterhielten sich zum Beispiel die Gelehrten bevorzugt lateinisch, die sogenannten besseren Leute französisch, und das Volk auf der Straße sprach Mundart; und die wiederum war meist nur von Landesgrenze zu Landesgrenze zu verstehen.

Da die Menschen in den Kanzleien jedoch über die Landesgrenzen hinaus verstanden werden wollten, schufen sie die sogenannte Kanzleisprache, auch Kaufmannsdeutsch genannt.

Damals notwendig, heute lächerlich!

Warum? Weil sich alles Lebende ständig verändert, so auch eine lebende Sprache. Dank unserer heutigen Hochsprache wurde also dieses Papierdeutsch entbehrlich.

Offensichtlich ist es aber gar nicht so einfach, von diesen Ladenhütern loszukommen, obwohl es dafür doch nur folgende Gründe geben kann:
- Unwissenheit
- fehlender Mut zur Veränderung
- fehlende Bereitschaft zur Neuerung
- mangelnde Beweglichkeit
- Unfähigkeit

Ich bin mir zwar nicht sicher, ob es zutrifft, daß Unwissenheit immer die Folge von Trägheit ist; eines allerdings stimmt wirklich:

Wer im Gestern verharrt, ist von gestern

Dieser letzte Satz gilt für Sie selbstverständlich nicht, wenn Ihre Schriftstücke frei von folgenden Kanzleiausdrücken und Floskeln sind:

anläßlich	höflich (höfl.)	obengenannt
beinhalten	Ihrerseits/unsererseits	Rückäußerung
benötigen	infolge	seitens
bezüglich	letzten Endes	Sie wollen
diesbezüglich	letzterer	überreichen/übergeben
gemäß	mittels	..., welche ...
hinsichtlich	nebst	zwecks/zum Zwecke

Weitere Floskeln, die nicht in den zeitgemäßen Schriftverkehr gehören

Floskeln   **Bemerkung oder Verbesserung**

- *aus diesen Gründen*

- *aus obenerwähnten/*
  obengenannten Gründen   }   – *deshalb/daher*

62

Floskeln	Bemerkung oder Verbesserung
– *aus grundsätzlichen Erwägungen*	– *grundsätzlich*
– *... und verbleiben*	– Gruß und Schluß sind zu trennen
– *letzten Endes*	– *schließlich, endlich*
– *wir möchten Sie bitten*	– Bitten Sie doch einfach: *„Bitte..."*
– *es ist eine bekannte Tatsache*	– überflüssig
– *wir sind nicht in der Lage*	– *wir können nicht*
– *wir teilen Ihnen mit*	– merkt jeder von selbst
– *in Anbetracht*	– *wegen*
– *unser Herr Kramer/ Ihr sehr geehrter Herr Kramer*	a) *unser Mitarbeiter (Versandleiter, Geschäftsführer), Herr Kramer,...*
	b) *„Herr Kramer"* (wenn sich die Gesprächspartner kennen)
	c) *Herr Kramer, Personalabteilung, ...*
	Bei aufrichtigen Aussagen greift man nicht zur Schablone (natürlicher Takt); außerdem sind „unser" und „Ihr" besitzanzeigende Fürwörter (Possessivpronomen).
– *haben wir zur Kenntnis genommen/bitten wir um Kenntnisnahme*	– Selbstverständliches schreibt man nicht
– *zu unserer Entlastung*	– überflüssig
– *ich möchte bemerken*	– man tut es, aber sagt es nicht
– *wir ersuchen Sie*	– Ranghöhere „ersuchen" Rangniedere
– *wir bitten Sie höflich*	– bitten Sie mit Würde, aber nicht höflich oder höflichst (unterwürfige Doppelung)

Im Zusammenhang betrachtet, ist dieser Sprachplunder noch abschreckender, als es einzelne Wortgespenster vermuten lassen.

Eigentlich müßten ja unter Briefen mit solchen Formulierungen noch die Grußformeln stehen:

„In gehorsamster Ergebenheit" oder
„Dessen zu aller schuldigen Aufwartung Begierigster".

Die zeitgemäßen „freundlichen Grüße" stellen doch glattweg einen Stilbruch zu den restlichen Prachtgebilden dar.

Eine weitere Empfehlung lautet: Übernehmen Sie nicht jedes Wort kritiklos, das **entbehrliche** Vorsilben oder Nachsilben (Präfixe oder Suffixe) enthält.

Vermeiden Sie diese Wörter	... wenn diese Wörter genügen
↓	↓
– ansteigen	– steigen
– ableugnen	– leugnen
– abändern	– ändern
– anbetreffen	– betreffen
– abbremsen	– bremsen
– abbleiben	– bleiben
– absinken	– sinken
– abklären	– klären

Die am häufigsten falsch angewandte Nachsilbe ist „mäßig".

Fehlerhafte Beispiele

1. *Schreib***mäßig** *hat sie sich schwer gebessert.*

2. *Seine Briefe haben ausdrucks***mäßig** *gewonnen.*

3. *Die farb***mäßigen** *Zusammenstellungen sind sehr harmonisch.*

4. *Wetter***mäßig** *gibt es nichts Neues.*

Verbesserungsvorschläge

1. *Sie schreibt jetzt wesentlich besser.*

2. *Seine Briefe haben an Ausdruck gewonnen.*

3. *Die Farbzusammenstellungen sind sehr harmonisch.*

4. *Das Wetter bleibt unverändert.*

Fremdwörter

Im Zusammenhang mit Fremdwörtern fällt mir ein merkenswerter Satz von Herrn Goethe ein; er lautet:

> Die Muttersprache zugleich reinigen
> und bereichern
> ist das Geschäft der besten Köpfe

Mit anderen Worten:

Ein **sinnvoller** Gebrauch von Fremdwörtern ist durchaus angemessen, zum Beispiel:

- Wenn man Fremdwörter nicht mehr als fremd empfindet (Sekretärin, Lineal, Diktat, Computer)

- Wenn der Sinnabstand zum nächsten deutschen Wort zu groß wäre

- Wenn es sich um Fremdsprachen handelt, die kaum ohne Fremdwörter auskämen

- Auch das besondere Fremdwort (Allgemeinverständlichkeit vorausgesetzt) kann unseren Ausdruck durchaus bereichern.

Oft werden allerdings aus Bequemlichkeit, Gewohnheit oder mangelnder Rücksichtnahme **entbehrliche** Fremdwörter benutzt, für die es eine Vielzahl deutscher Ausdrücke gibt. Dadurch wird der eigene Sprachschatz schnell eingeengt und der Ausdruck auf einen kleinen Nenner gebracht.

Beispiele entbehrlicher Fremdwörter

Fremdwort	Deutscher Ausdruck
absolut	unbedingt, ganz, völlig, unumschränkt
Chance	Aussicht, Hoffnung, (günstige) Gelegenheit
definitiv	endgültig, abschließend, ein für allemal
eminent	hervorragend, außerordentlich, äußerst
enorm	außerordentlich, riesig, erstaunlich
exklusive	ausschließlich, ohne
fungieren	tätig, wirksam sein, verwalten
immens	unermeßlich
inklusive	einschließlich, inbegriffen
konsumieren	verbrauchen
Majorität	Mehrheit
Minorität	Minderheit, Minderzahl
offerieren	anbieten, darbieten
revidieren	prüfen, überprüfen, nach eingehender Prüfung ändern
sekundär	zweitrangig, nachträglich hinzukommend
total	völlig, vollständig, restlos, gänzlich

Je mehr man also bemüht ist, sich treffend und verständlich auszudrücken, desto weniger **entbehrliche** Fremdwörter wird man verwenden.

Übrigens ist die Zahl der verstümmelten und falsch gedeuteten Fremdwörter bereits sehr hoch. Damit wächst natürlich auch die Gefahr, sich lächerlich zu machen.

Orthographie/Grammatik

Meine Empfehlung lautet daher: Erweitern Sie zunächst Ihren deutschen Sprachschatz, und prüfen Sie, ob Ihre Kenntnisse in Orthographie und Grammatik auf dem neuesten Stand sind. Der Wissensverfall liegt auf diesem Gebiet bei etwa zwei Jahren.

Merke: Stillstand ist Rückschritt

Kurztest Orthographie (Lösung Seite 81)

(Bitte bestimmen Sie die Groß- und Kleinschreibung, die Getrennt-
und Zusammenschreibung (die fehlenden Buchstaben dieses Lük-
kentests stehen am rechten Rand jeder Seite.)

Für jeden von uns ist ___ lanen[1*] und ___ rganisieren[1] eine	p/o
wichtige Aufgabe. Vor dem ___ elefonieren[1] sollte man alle	t
Unterlagen bereitlegen, um langes ___ uchen[1] oder ___ berlegen[1]	s/ü
zu vermeiden. Wir haben uns ___ änisch[2] unterhalten, weil er	d
einwandfreies ___ änisch[2] spricht. Unser Werk hat beschlossen,	d
nur das ___ este[2] auf den Markt zu bringen; darüber sind auch	b
die Mitbewerber auf das ___ este[2] unterrichtet. Es gingen	b
einige ___ ausend[3] Protestschreiben ein; mehrere ___ underte[3]	t/h
davon wurden veröffentlicht. Er hat mich bereits fünf ___ al[3]	m
angerufen, aber jedes ___ al[3] nur dasselbe gesagt wie beim	m
ersten ___ ale[3]. Beim Leistungsvergleich war ich der ___ ünfte[3]	m/f
der Klasse; aber ich war der ___ rste[3], der zu diesem Wettlauf	e
erschien. Die ___ eisten[3] glauben, sie können nichts ___ eues[2]	m/n
mehr hinzulernen. Jeder ___ nzelne[3] bekam eine Aufgabe. Alle	ei
___ brigen[3] wußten, daß dies etwas ___ nderes[3] war. Auf den	ü/a
Pap ___ lakaten[4] steht, daß alle Wet ___ urner[4] eine	p/t
Ken ___ ummer[4] tragen müssen. Wir haben ___ roß[5] und ___ lein[5]	n/g/k
über die Arbeitsmethoden befragt, um auf dem ___ aufenden[6]	l
zu bleiben. Eigentlich aber bleibt bei ___ ung[5] und ___ lt[5]	j/a
alles beim ___ lten[6].	a

---

* Unter diesen Zahlen finden Sie die jeweils entsprechenden Regeln auf Seite 81 ff.

Zusammengehörige Wörter bitte durch einen Bogen kennzeichnen, z.B. drei_mal

67

Interpunktion

Auch die richtige Interpunktion gehört zum guten Briefstil.

Mit diesem Testbogen können Sie auch hier spielend Ihren Kenntnisstand ermitteln (Lösung Seite 85; Kommaregeln Seite 86f.).

Testbogen Interpunktion
(Bitte setzen Sie die fehlenden Kommas.)

Der Interpunktionstest ist nicht schwierig. Das Schriftstück bedarf der Ergänzung. Die berühmten Sängerknaben sangen dem Alten-Club am Weihnachtsabend in der Stadthalle die schönsten Melodien begeistert und voll Freude zur Unterhaltung vor.

Eine Krypta ist eine unterirdische Anlage in mittelalterlichen Kirchen und sie diente oft der Totenbestattung. Die neun großen Planeten heißen Merkur Venus Erde und Mars Jupiter Saturn Uranus Neptun und Pluto und circa 3500 Sterne sind in unseren Breiten mit bloßem Auge sichtbar. Die Hauptrassen der Menschheit heißen Europiden Negriden Mongoliden.

Die tägliche Arbeitszeit die ein Arbeiter leistet ist die Grundlage für die Berechnung seines Lohnes. Ich möchte gern kaltes süffiges bayrisches Bier. Er trank starken schottischen Whisky. Gewiß alle anderen nehmen am Seminar teil.

Nein Herr Meier wird nicht anwesend sein. Das ist mein letztes Angebot Herr Huber. Ludwig XIV. dachte an das Wohl des Volkes vor allem aber an sein eigenes Vergnügen. Sie beabsichtigte zu verreisen. Sie bemüht sich ernsthaft ihre Leistungen zu verbessern.

Er handelte ohne die Folgen zu bedenken. Sie versäumte aufzupassen und mitzuschreiben. Wir brauchen uns keine Gedanken zu machen. Er glaubt ausgenützt zu werden.

Wir hoffen bestimmt Ihnen helfen zu können. Er glaubt fest sein Ziel zu erreichen. Er rechnet damit zu gewinnen. Sie legte Wert darauf zu gefallen.

Die hochentwickelte Schafzucht macht Australien zum bedeutendsten Wollieferanten der Welt und sein großer Rinderbestand ermöglicht seine umfangreiche Ausfuhr von Fleisch und Molkereiprodukten.

Psychologische Fehler

Da der Umfang dieser Broschüre begrenzt ist, beschränke ich mich hier auf die psychologischen Fehler, die in Geschäftsbriefen am häufigsten vorkommen:

1. Falsche Anreden
2. Negativbeginn
3. Scharfe Formulierungen
4. Negativschluß
5. Namenlose Briefe/
   Verschweigen des Geschlechts

1. Falsche Anreden

Falsche Anreden, verstümmelte Namen, fehlende oder falsch angewandte Titel deuten immer auf Desinteresse am Partner hin. Hier sind einige Beispiele, bei denen leicht Unsicherheiten auftreten können:

Richtige Anreden/Titel/Berufsbezeichnungen

Rang	Anschrift	Anrede im Brief	Anrede im Gespräch
Professor	Herrn Professor Dr. ... (Vor- und Zuname)	a) Sehr geehrter (verehrter) Herr Professor b) Sehr geehrter (verehrter) Herr Dr. (Zuname)	a) Herr Professor b) Herr Dr. ... (Zuname)
Direktor	Herrn Direktor ... (Vor- und Zuname)	Sehr geehrter Herr ... (Zuname)	Herr ... (Zuname)
Freiherr mit Promotion	Herrn Dr. Arno Freiherr von ... (Zuname)	a) Sehr geehrter (verehrter) Herr Baron b) Sehr geehrter Herr von ... (Zuname)	a) Baron ... (Zuname) b) Herr Baron
Rechtsanwalt mit Promotion	Herrn Rechtsanwalt Dr. ... (Vor- und Zuname)	a) Sehr geehrter Herr Rechtsanwalt b) Sehr geehrter Herr Dr. ... (Zuname)	a) Herr Rechtsanwalt b) Herr Dr. ... (Zuname)
Rechtsanwalt ohne Promotion	Herrn Rechtsanwalt ... (Vor- und Zuname)	a) Sehr geehrter Herr Rechtsanwalt b) Sehr geehrter Herr ... (Zuname)	a) Herr Rechtsanwalt b) Herr ... (Zuname)
Rechtsanwälte	Herren Rechtsanwälte ... (Vor- und Zunamen)	Sehr geehrte Herren	Einzelanrede je nach Rang und Namen, zum Beispiel: a) Herr Rechtsanwalt b) Herr Dr. ... (Zuname)
Dipl.-Ing.	Herrn Dipl.-Ing. ... (Vor- und Zuname)	Sehr geehrter Herr ... (Zuname)	Herr ... (Zuname)

2. Negativbeginn

Die meisten Formulierungen sind stark persönlich gefärbt, also nicht sachlich genug; außerdem verstärken sie den ohnehin schon negativen Sachverhalt ganz erheblich.

Fehlerhafte Beispiele

a) *Zu unserem Bedauern mußten wir leider feststellen, daß die äußerst dringend benötigte Ware immer noch nicht eingetroffen ist.*

b) *Leider müssen wir Ihnen mitteilen, daß wir Ihre Bewerbung nicht berücksichtigen können, da die Stelle in der Zwischenzeit bereits vergeben wurde.*

c) *Mit Bedauern haben wir Ihrem Schreiben entnehmen müssen, daß unser Außendienstmitarbeiter Sie nicht zu Ihrer Zufriedenheit bedient hat.*

Verbesserungsvorschläge

a) – *Bisher sind Ihre Lieferungen immer pünktlich bei uns eingegangen. Die Ware, die wir diesmal besonders dringend brauchen, haben wir allerdings noch nicht erhalten.*
    oder
  – *Die am 00.00.00 bestellte Ware brauchen wir diesmal besonders dringend. Bitte liefern Sie bis ...*

b) – *Vielen Dank für Ihr Interesse an unserem Unternehmen. Die Stelle, um die Sie sich beworben haben, ist allerdings inzwischen besetzt.*

c) – *Bitte entschuldigen Sie, daß unser Außendienstmitarbeiter Ihre Belange nicht voll berücksichtigen konnte.*
    oder
  – *Bitte entschuldigen Sie, daß Ihr Anliegen nicht voll berücksichtigt wurde.*

3. Scharfe Formulierungen

Zu diesem Punkt gibt es ganz unterschiedliche Erscheinungsformen: Belehrungen, Unterstellungen, Drohungen und herablassende Formulierungen.

Es ist aber immer unter unserer Würde, scharf und grob zu schreiben; damit disqualifiziert man sich selbst.

Fehlerhafte Beispiele

a) *Wir müssen Sie ersuchen, in Zukunft darauf zu achten, daß ...*   (Belehrung)

b) *Wir sind sicher, daß die Fehllieferung auf ein Versehen zurückzuführen ist.*   (Unterstellung)

c) *Falls sich solche Zwischenfälle wiederholen, werden wir uns einen anderen Lieferanten suchen.*   (Drohung)

Verbesserungsvorschläge

a) *Beachten Sie bitte künftig, daß ...*

b) *Bitte liefern Sie die fehlende Ware so schnell wie möglich nach.* Schreiben Sie nur Fakten, keine Vermutungen. Man unterstellt anderen keine Fehler (in dubio pro reo – im Zweifel **für** den Angeklagten).

c) *Derartige Drohungen sollte man nicht aktenkundig machen.* Handeln Sie bei Bedarf entsprechend, das genügt.

4. Negativschluß

Was man am **Schluß** sagt, wirkt am stärksten nach; deshalb sollte es **etwas Positives** oder im positiven Sinne Merkenswertes sein, zum Beispiel: Ermutigung, Hinweis auf Alternativen, Aufforderung zum Handeln.

Menschen beeinflussen heißt ihre Gefühle ansprechen

Fehlerhafte Beispiele

1. *Wir bedauern, Ihnen keinen günstigeren Bescheid geben zu können und verbleiben ...*

2. *Es tut uns leid, daß sich aufgrund außergewöhnlicher Vorkommnisse die Antwort auf Ihr Schreiben derart verzögert hat.*

3. *Leider haben wir keine Möglichkeit, ein Entgegenkommen auf dem Kulanzweg zu realisieren.*

4. *Wir hoffen, daß unsere bisher gute Zusammenarbeit auch in Zukunft bestehen bleibt.*

Verbesserungsvorschläge

1. Dieser Satz ist voll entbehrlich, besonders, wenn die Gesamtaussage höflich, umfassend und verständlich ist.

2. *Bitte entschuldigen Sie die verspätete Antwort (auf Ihren Brief).*
   oder
   Entschuldigen Sie bitte, daß wir Ihnen so spät antworten.

3. *Dieser Fall läßt sich (ausnahmsweise) nicht auf dem Kulanzweg regeln.*

4. *Über eine weitere gute Zusammenarbeit würden wir uns freuen.*

5. Namenlose Briefe

Erfahrungsgemäß deuten Briefempfänger fehlende Namensangaben negativ. Es ist auch schwer zu verstehen, warum sich der Briefschreiber „versteckt". Vielleicht schämt er sich seines eigenen Geschlechts. Fragt sich, wie er gern angeredet werden möchte. Viele Adressaten werden hierbei von Zweifeln geplagt. Wer möchte sich durch eine Falschanrede schon gern blamieren!

Peinlich ist es in solchen Fällen auch bei telefonischen Rückfragen. Man kann keine Verbindung mit einem Gesprächspartner erbitten, sondern bestenfalls mit einem Diktatzeichen. Den Spott der Telefonistin darf dann wiederum der ohnehin Benachteiligte einstecken. Zeit und Geld kosten übrigens diese verzögerten Verbindungen auch. Halten Sie so etwas für partnerfreundlich? Dabei gibt es doch ganz verschiedene Möglichkeiten, dem Briefpartner das Leben zu erleichtern:

1. Vor- und Zuname
2. Anrede und Zuname } im Bezugsblock

Beispiele

Ihre Zeichen	ma-ge		Ihre Zeichen	ma-ge
Ihre Nachricht vom	00.00.00		Ihre Nachricht vom	00.00.00
Unser Zeichen	po-wi		Unser Zeichen	po-wi
Sachbearbeiter	Günter Weber		Sachbearbeiter	Herr Popp
☎ Durchwahl	12 34		☎ Durchwahl	12 34
Interne Vermerke	1200		Interne Vermerke	1200
Datum	00.00.00		Datum	00.00.00

3. Vorname (auch abgekürzt), Zuname und Funktion im Grußblock:

4. Vor- und Zuname im Grußblock

Beispiele

Mit freundlichen Grüßen

Firma ABC

Dr. A. Frey
Geschäftsführer

Mit freundlichen Grüßen

Firma ABC

Sylvia Eder   Helga Münch

Normfehler

Über die international angepaßten formalen Neuerungen nach DIN 5008 gibt es ein Nachschlagwerk: „Regeln für Maschinenschreiben" (Beuth Verlag GmbH, Berlin). Meine Kurzhinweise zum Punkt Normfehler sind als Ergänzung zu dieser Broschüre gedacht.

VERLAG WIRTSCHAFT RECHT & STEUERN

GmbH & Co. Fachverlag

WRS Verlag Wirtschaft, Recht und Steuern, Postfach 1363, 8033 Planegg/München

Einschreiben - Eigenhändig ①	Ihre Zeichen	gm-ck
	Ihre Nachricht vom	00.00.00
	Unser Zeichen	ge-pr
Herrn Dr. Hans Großmann ②	Sachbearbeiter	Frau Gerlach
HaGeWi GmbH & Co. KG ③	☎ Durchwahl ·	3 60
Postfach 1 13 11 ④	Interne Vermerke	
3000 Hannover 1	Datum	00.00.00

⑤

Ihre Bewerbung als Ausbildungsleiter P e r s ö n l i c h   ⑥

Sehr geehrter Herr Dr. Großmann, (!) ⑦

vielen Dank für Ihre Bewerbung und das Interesse an unserem Unternehmen.

Obwohl Ihr beruflicher Werdegang und Ihre fachliche Qualifikation gute
Voraussetzungen für die Tätigkeit eines Ausbildungsleiters wären, haben
wir uns für einen Bewerber mit abgeschlossenem Pädagogikstudium entschlossen; dies schien uns erforderlich, weil der Ausbildungsleiter bei
uns Vollzeitunterricht zu erteilen hat.

Wir sind aber sicher, daß Sie mit Ihren Fähigkeiten bald eine angemessene
Position erhalten; dazu und für Ihren weiteren beruflichen Werdegang wünschen
wir Ihnen viel Erfolg.

Mit freundlichen Grüßen

Personalabteilung   ⑧

ppa.   i. V.

Siegfried Krause   Regina Gerlach

Anlage   ⑨
Bewerbungsunterlagen

Kommanditgesellschaft
Sitz Planegg · Registergericht München HRA 52681
Persönlich haftende Gesellschafterin
WRS Verlag Wirtschaft, Recht und Steuern GmbH,
Sitz Planegg · Registergericht München HRB 45559

Geschäftsführer
Dr. jur. Günter Friedrich
Dr. rer. pol. Manfred Jahrmarkt
Günter Oßwald

Beiratsvorsitzender Günter Gaedeke

Anschrift: Fraunhoferstr. 5, Martinsried · Postfach 1363 · 8033 Planegg/München
☎ (089) 857 7944- 49 · Btx: ∗3 3933 # · Telegramm: WRS Verlag
Telefax: (089) 8577-990
Postgiro: München (BLZ 700 100 80) 2082-803
Banken: Dresdner Bank München (BLZ 700 800 00) 6 622 999 00
Raiffeisenbank Zorneding (BLZ 701 696 19) 222100

① Verwenden Sie als Hinweis für die externe Post nur die gültigen postalischen Anweisungen; Beispiele:
Drucksache – Werbeantwort
Einschreiben – Eigenhändig – Eilzustellung
Blindensendung – Mit Luftpost

② Anreden immer ausschreiben, nicht abkürzen. Da die Anrede „Frau" keine Personenstandsbezeichnung mehr ist, werden auch unverheiratete Damen mit Frau angeredet. Bei Minderjährigen (weiblich und männlich) genügen Vor- und Zuname.

③ – An erster Stelle steht immer der öffnungsberechtigte Adressat (Einzelperson oder Firma).
– Vermerke wie „i. H.", „i. Fa.", „z. H." sind nicht mehr gebräuchlich. Das gleiche trifft für „c/o" im Inland zu. Entscheidend ist allein die Anordnung der Anschrift.

④ – Postfachangabe ist der Straßenangabe vorzuziehen (außer bei Eilzustellung und bei Päckchen).
– Postfachnummern werden von rechts nach links in Zweiergruppen gegliedert.

⑤ – Diktatzeichen sollten in Kleinbuchstaben mit Bindestrich geschrieben werden.
– Schreibweise des Datums: dreimal Zweiergruppen
– Telefonnummern von rechts nach links in Zweiergruppen, Vorwahl in Klammern, zum Beispiel: (0 89) 6 01 30 11

⑥ – Das Wort „Betreff" entfällt (also weder schreiben noch drucken)
– Der Betreff (= stichwortartiger Briefinhalt) wird nicht unterstrichen und endet ohne Satzzeichen.
– Interne Behandlungsvermerke (Persönlich, Vertraulich, Eilt usw.) stehen gesperrt geschrieben vorrangig hinter dem Betreff.

⑦ Als Satzzeichen nach der Anrede setzt sich bei der üblichen Sachkorrespondenz mehr und mehr das Komma durch. Das ebenfalls noch gültige Ausrufezeichen demonstriert eine längere (Anstands-)Pause nach der Anrede; es wird bevorzugt bei Anreden höherer Ränge verwendet.

⑧ – Wenn interne Satzungen und Richtlinien es zulassen, sollte die Wiederholung des Firmennamens entfallen; diese Angabe steht bereits im Briefkopf. Es kann dagegen nützlich sein, Abteilung oder Bereich unter die Grußformel zu schreiben.
– Unterschriftsvollmachten je nach interner Regelung; Abstand zur Abteilung eine Leerzeile, bei Wegfall der Abteilung eine Leerzeile zur Grußformel. Anzahl der Leerzeilen zur maschinenschriftlichen Wiederholung der Unterzeichner je nach Notwendigkeit.
– Die maschinenschriftliche Wiederholung muß dem Adressaten eine einwandfreie Anrede ohne Rückfragen ermöglichen (siehe Beispiele Seite 72).

⑨ Das Wort Anlagen wird nicht unterstrichen; die Anlagen werden nur dann einzeln aufgeführt, wenn es (rechtlich) erforderlich ist (siehe auch Seite 47).

3.6 Briefformulierung

Im Anschluß an die fehlerhaften Satzbeispiele hier noch einen zusammenhängenden Text mit vielen stilistischen und psychologischen Fehlern.

Sachverhalt

Herr Lindemann hat ein hochwertiges Gerät gekauft, das seit Jahren „der ganz große Renner" ist. Dieses Gerät arbeitet einwandfrei und erfreut sich großer Beliebtheit.

Wegen offensichtlich falscher Bedienung kommt jedoch der Kunde mit dem Gerät nicht zurecht. Er reklamiert in aggressiver Art und beschimpft den zuständigen Sachbearbeiter; ihn trifft jedoch keine Schuld.

Der Sachbearbeiter fühlte sich durch die persönlichen Angriffe des Kunden sehr verletzt, was aus seiner Antwort erkennbar ist.

Herrn
Otto Lindemann
Am Rosengarten 3

3325 Lengede

Psychologisch-stilistisch falsche
Antwort des Sachbearbeiters auf
Kundenreklamation

00.00.00 wi-ga

Unsere Lieferung Nr. 60 – Gerät ABC

Sehr geehrter Herr Lindemann,

wir kommen zurück auf das mit Ihnen geführte Telefongespräch vom
00.00.00, das seinerseits vorrangig die Reklamation der von Ihnen
zurückgesandten Ware beinhaltete.

Wir haben anläßlich Ihrer Beschwerde den Sachverhalt geprüft und möchten
Ihnen dazu folgendes mitteilen:

Offensichtlich wurde von Ihnen die Bedienungsanleitung nicht beachtet;
anders können wir uns Ihre unsachgemäße Behandlung der Ware nicht
erklären.

Sie werden einsehen müssen, daß wir für fehlende Sachkenntnis anderer
nicht haftbar gemacht werden können, zumal ein Entgegenkommen auf
dem Kulanzwege bei solchen Vorkommnissen nicht realisierbar ist.

Wir müssen Ihnen deshalb die Materialkosten in Rechnung stellen und
erwarten die umgehende Begleichung derselben.

Wir bedauern außerordentlich, Ihnen keinen günstigeren Bescheid geben zu
können und verbleiben

hochachtungsvoll

Herrn
Otto Lindemann
Am Rosengarten 3

3325 Lengede

00.00.00 wi-ga

Unsere Lieferung Nr. 60 – Gerät ABC

Sehr geehrter Herr Lindemann,

wir beziehen uns auf unser Telefonat vom 00.00.00, bei dem Sie die
zurückgesandte Ware beanstandeten.

Wunschgemäß haben unsere Techniker das Gerät sofort geprüft; dabei
ergab sich, daß der Fehler durch unsachgemäße Bedienung verursacht
wurde. Solche Mängel können jedoch, so gern wir es täten, nicht auf dem
Kulanzweg behoben werden.

Da wir uns aber zufriedene Kunden wünschen, haben wir darauf verzichtet,
Ihnen den Arbeitslohn für die Reparatur zu berechnen.

Sie brauchen also nur die reinen Materialkosten zu überweisen.

Mit freundlichen Grüßen

Anlage
Rechnung

3.7 Lösungen, Regeln und Ergänzungen zu vorangegangenen Kapiteln

Lösung zum Test „zeitgemäßer Mitteilungsstil" Seite 50

Anzahl Fehler

1. *Bitte füllen Sie den Fragebogen aus und schicken Sie* **denselben** *an uns zurück.* — 1

2. **In der Anlage überreichen wir** *Ihnen unsere* **diesbezüglichen** *Nachträge* — 5

3. **In Anbetracht** *der langen Lieferzeiten haben wir von einer* **Auftragserteilung Abstand genommen.** — 3

4. *Die Anweisungen dürfen in* **keinster Weise mißachtet** *werden.* — 2

5. **Zu unserem Bedauern mußten** *wir* **leider** *feststellen, daß Sie die Rechnung* **immer noch nicht** *bezahlt haben.* — 5

6. **Ich** *habe Ihnen* **bereits schon** *einmal gesagt, daß die Zahlen dieser Tabelle* **zusammenaddiert** *werden* **müssen.** — 5

7. **Im Auftrag** *Ihrer* **gesch.** *Firma* **übersenden wir** *Ihnen* **beiliegend** *die* **gewünschten** *Prospekte.* — 5

8. *Herr Marx* **bzw.** *Herr Roth wird seinen* **Besuch** *an der Ausstellung* **ermöglichen** *und darüber* **Bericht erstatten.** — 3

9. *Die* **aufgeführten** *Gründe veranlassen uns, den* **getroffenen** *Beschluß rückgängig zu machen.* — 2

10. *Wir werden von Ihrer Rechnung* **einen Betrag** *von 200,00 DM* **in Abzug bringen.** — 2

Fehler gesamt: **33**

Gefundene Fehler	Note
33 – 31	1
30 – 28	2
27 – 25	3
24 – 20	4
19 – 15	5
14 und weniger	6

Ergänzung zu Seite 59 „Die zehn Wortarten"

Deutsche Bezeichnung	Lateinische Bezeichnung		Beispiele
	Singular (Einzahl)	Plural (Mehrzahl)	
Zeitwort/ Tätigkeitswort	Verb	Verben	fallen, singen, denken, stehen, bringen, mögen, müssen, können, brennen, rennen, nennen, sein, haben, tun, salzen, spalten, kennen, senden, kaufen, sitzen, rufen
Hauptwort/ Namenwort	Substantiv/ Nomen	Substantive/ Nomina	Schein, Meter, Wahrheit, Tag, Elle, Seele, Tat, München, Rhein, Schiller, Haus, Forschung, Mensch, Süden, Geschwister, Holz, Trauer, Bildung, Lage, Salz, Herde
Eigenschafts- wort	Adjektiv	Adjektive	alt, jung, fromm, schwer, fleißig, deutsch, traurig, zuverlässig, unehrlich, rot, gewissenhaft, aufrichtig, lustig, froh, tief, faul hoch, leicht, groß, wert, gut
Fürwort	Pronomen	Pronomina oder Pronomen	ich, du, er, sie, es, wir, ihr, sie, mich, dich, sich, mir, dir, meiner, seiner, deiner, uns, euch, unser, euer, mein, dein, sein, welche, welcher, welches
Bindewort	Konjunktion	Konjunktionen	und, auch, ebenfalls, desgleichen, außerdem, dann, ferner, daher, darum, deshalb, hingegen, indes, gleichwohl, dennoch, zwar, zuvor, insofern, sobald
Umstandswort	Adverb	Adverbien	vorwärts, rückwärts, hier, da, dort, innen, außen, dann, gleich, gestern, rücklings, vorsichtshalber, darum, deshalb, trotzdem, folglich, somit, anders, umsonst
Verhältniswort	Präposition	Präpositionen	an, auf, hinter, in, neben, über, unter, vor zwischen, durch, für, gegen, ohne, um, längs, trotz, zufolge, ob, entlang, unweit, bei, binnen gemäß, zunächst, zuwider
Geschlechts- wort	Artikel	Artikel	der, die, das, ein, eine
Zahlwort	Numerale	Numeralien	eins, zwei, drei, erste, zweite, dritte, viel, einige, mehr, mehrere, manches, jeder, einiges, beide, viele, etliches, genug, einigemal, öfters, mancherlei, allerlei, nichts, alles, etwas, wenig, vielfältig, hunderterlei, ein Drittel
Ausrufewort	Interjektion	Interjektionen	au, hurra, juchhe, nanu, weh, hm, aha, pfui, pst, hott, los, krach, paff, heda, ahoi, ätsch, bäh, Punktum, basta, bim/bam, ticktack, o je, potztausend

Lösung „Kurztest Orthographie" zu Seite 67 mit Regeln

Für jeden von uns ist Planen[1] und Organisieren[1] eine wichtige Aufgabe. Vor dem Telefonieren[1] sollte man alle Unterlagen bereitlegen, um langes Suchen[1] oder Überlegen[1] zu vermeiden. Wir haben uns dänisch[2] unterhalten, weil er einwandfreies Dänisch[2] spricht. Unser Werk hat beschlossen, nur das Beste[2] auf den Markt zu bringen; darüber sind auch die Mitbewerber auf das beste[2] unterrichtet. Es gingen einige tausend[3] Protestschreiben ein; mehrere Hunderte[3] davon wurden veröffentlicht. Er hat mich bereits fünfmal[3] angerufen, aber jedesmal[3] nur dasselbe gesagt wie beim ersten Male[3]. Beim Leistungsvergleich war ich der Fünfte[3] der Klasse; aber ich war der erste[3], der zu diesem Wettlauf erschien. Die meisten[3] glauben, sie können nichts Neues[2] mehr hinzulernen. Jeder einzelne[3] bekam eine Aufgabe. Alle übrigen[3] wußten, daß dies etwas anderes[3] war. Auf den Pappplakaten[4] steht, daß alle Wetturner[4] eine Kennummer[4] tragen müssen. Wir haben groß[5] und klein[5] über die Arbeitsmethoden befragt, um auf dem laufenden[6] zu bleiben. Eigentlich aber bleibt bei jung[5] und alt[5] alles beim alten[6].

Regeln zum Orthographie-Test

1. Das Verb (Zeitwort) – planen, singen, lachen

Regel:	Kleinschreibung
Frage:	Was tun?
Beispiele:	Ich kann sehr gut (was tun) **planen.**
	Ich kann ausgezeichnet (was tun) **singen.**

Ausnahme:	Großschreibung
Frage:	Was? Woran? Worauf?
Beispiele:	Für jeden von uns ist **Planen** eine wichtige Aufgabe.
	(**Was** ist eine wichtige Aufgabe?)
	Mein Singen erfreut alle Leute.
	(**Was** erfreut alle Leute?)
	Ich lege Wert auf **harmonisches Singen.**
	(**Worauf** lege ich Wert?)

2. Das Adjektiv (Eigenschaftswort) – gut, schön, modern

Regel:	Kleinschreibung
Frage:	Wie (ist?)
Beispiele:	Meine Wohnung ist (wie) **auf das modernste** eingerichtet.
	Die Konkurrenz ist darüber (wie) **auf das beste** unterrichtet.

Ausnahme: Großschreibung
Frage: Was? Woran? Worauf?
Beispiele: Ich lege nur Wert (worauf) auf **das Modernste**.
Diese Firma hat sich entschlossen, nur noch
(was) **das Beste** anzubieten.

3. Numeralien (Zahlwörter)

a) **Grundzahlwörter** – eins, zehn, hundert, tausend

Regel: Grundzahlwörter schreibt man klein
Beispiele: Es gingen einige **tausend** Schreiben ein.
Gestern habe ich bereits **hundert** davon
beantwortet.
Ausnahme: Man schreibt sie groß
– mit Geschlechtswort
– ab Million
– oder wenn sie eine Endung erhalten.
Beispiele: Es geht in die Hunderte.
Das weiß der Hundert**ste** nicht.
Er kommt vom Hundert**sten** ins Tausend**ste**.

b) **Vervielfältigungszahlwörter** – doppelt, dreifach, vierfach

Regel: Kleinschreibung
– wenn sie unverändert sind
– als Beifügung zu einem Hauptwort
Beispiele: Er ist **doppelt** so alt wie ich.
Er braucht die **dreifache** Zeit.
Ausnahme: Großschreibung
– mit Endung ohne folgendes Hauptwort
Beispiel: Er braucht das **Dreifache** an Zeit.

c) **Wiederholungszahlwörter** – einmal, zweimal, zehnmal

klein	**groß**
– unverändert	– mit Endungen
Ich sah ihn erst **einmal**.	Ich sah ihn nur das **eine** Mal.
Ich las das Buch **zweimal**.	Ich las das Buch ein **zweites** Mal.
Ich habe es ihm **zehnmal** erklärt.	Ich habe es ihm zum **zehnten Male** erklärt.

auch

– erstmals	– das **erste** Mal
– mehrmals	– **mehrere Male**
– manchmal	– **manches** Mal
– diesmal	– **dieses** Mal

MERKE

jedesmal heißt immer (also immer zusammen)

d) **Ordnungszahlen** – erste, zweite, fünfte

Reihenfolge: klein   – Ich war **der erste**, der kam.
Rangfolge: groß   – Beim Leistungsvergleich wurde
                           ich nur **der Fünfte**.

e) **Unbestimmte Zahlwörter** – einige, etliche, wenige, andere

Regel: Unbestimmte Zahlwörter schreibt man immer klein.
Beispiele: etwas anderes
             alle beide
             einige wenige
             jeder einzelne
             alles übrige

4. Zusammentreffen von drei gleichen Mitlauten (Konsonanten)

a) Vor folgendem Mitlaut (Konsonant)

Es gibt Wortbildungen, bei denen drei gleiche Mitlaute zusammentreffen. Wenn der nächste Buchstabe wiederum ein Mitlaut ist, so muß jeder Buchstabe geschrieben werden.

Beispiele – drei gleiche Mitlaute vor folgendem Mitlaut		
Stofffleck	Auspuffflamme	Fetttrichter
Pappplakat	Briketttträger	Rohstofffrage
Fetttropfen	Balletttruppe	Sauerstoffflasche

b) Vor folgendem Selbstlaut (Vokal)

Wenn bei Wortbildungen auf drei gleiche Mitlaute ein Selbst-
laut folgt, dann läßt man von den gleichen Mitlauten einen weg.

Beispiele – zwei gleiche Mitlaute vor folgendem Selbstlaut		
Fettopf	Stoffalte	Schiffahrt
Wolladen	Kennummer	Brennessel
Klappult	Wetturnen	Schwimmeister

Bei Silbentrennung wird auch der dritte Mitlaut geschrieben

Beispiele für Silbentrennungen		
Stoff-falte	Woll-laden	Kenn-nummer
Schiff-fahrt	Brenn-nessel	Wett-turnen
Schwimm-meister	Fett-topf	Klapp-pult

5. Unveränderte Wortpaare

Unveränderte Wortpaare schreibt man klein, wenn sie für ein
Zahlwort oder Umstandswort stehen.

alt und jung
arm und reich $\qquad\Big\}\qquad$ = **alle** (Zahlwort)
groß und klein

durch dick und dünn $\qquad$ = **überallhin** (UdO →Umstand
des Ortes)

im großen und ganzen $\qquad$ = **fast vollständig** (UdA →Umstand
der Art und Weise)

über kurz oder lang $\qquad$ = **bald** (UdZ →Umstand der Zeit)

6. Feste Verbindungen

Mittelwörter (Partizipien) und Eigenschaftswörter (Adjektive) in fe-
ster Verbindung mit einem Verb schreibt man klein.

Beispiele fester Verbindungen	Bedeutung
auf dem laufenden bleiben	ständig informiert bleiben
beim alten bleiben	unverändert bleiben
im argen liegen	unangenehm sein
den kürzeren ziehen	zu kurz kommen, verlieren
im dunkeln tappen	$\Big\}$ ungewiß sein
im trüben fischen	

Lösung „Testbogen Interpunktion" Seite 68

Die Zahlen in Klammern geben die Nummer der Interpunktionsregel an (Seite 86f.)

Der Interpunktionstest ist nicht schwierig. (1) Das Schriftstück bedarf der Ergänzung. (2) Die berühmten Sängerknaben sangen dem Alten-Club am Weihnachtsabend in der Stadthalle die schönsten Melodien begeistert und voll Freude zur Unterhaltung vor. (3)

Eine Krypta ist eine unterirdische Anlage in mittelalterlichen Kirchen, und sie diente oft der Totenbestattung. (4) Die neun großen Planeten heißen Merkur, Venus, Erde und Mars, Jupiter, Saturn, Uranus, Neptun und Pluto, und circa 3500 Sterne sind in unseren Breiten mit bloßem Auge sichtbar. (4/5) Die Hauptrassen der Menschheit heißen Europiden, Negriden, Mongoliden. (5)

Die tägliche Arbeitszeit, die ein Arbeiter leistet, ist die Grundlage für die Berechnung seines Lohnes. (6) Ich möchte gern kaltes, süffiges bayrisches Bier. (7/5) Er trank starken schottischen Whisky. (7) Gewiß, alle anderen nehmen am Seminar teil. (8)

Nein, Herr Meier wird nicht anwesend sein. (8) Das ist mein letztes Angebot, Herr Huber. (9) Ludwig XIV. dachte an das Wohl des Volkes, vor allem aber an sein eigenes Vergnügen. (10) Sie beabsichtigte zu verreisen. (11) Sie bemüht sich ernsthaft, ihre Leistungen zu verbessern. (12)

Er handelte, ohne die Folgen zu bedenken. (13) Sie versäumte, aufzupassen und mitzuschreiben. (14) Er glaubt ausgenützt zu werden. (15)

Wir hoffen bestimmt, Ihnen helfen zu können. (16) Er glaubt fest, sein Ziel zu erreichen. (16) Er rechnet damit, zu gewinnen. (17) Sie legte Wert darauf, zu gefallen. (17)

Die hochentwickelte Schafzucht macht Australien zum bedeutendsten Wollieferanten der Welt, und sein großer Rinderbestand ermöglicht seine umfangreiche Ausfuhr von Fleisch und Molkereiprodukten. (4)

3.8 Kommaregeln – Zusammenfassung

Nr.	Regel	Beispiele
1	Im einfachen Satz steht kein Komma.	Der Chef diktiert. Die Sekretärin liest.
2	Im erweiterten einfachen Satz steht kein Komma.	Die Herren betreten den Raum. Inge begegnet den Herren.
3	Solange immer neue, ungleichartige Satzteile in einem Satz dazukommen, steht kein Komma. .	Die Opposition wird ihren Antrag morgen im Bundestag ausführlich begründen.
4	Hauptsätze werden durch Komma getrennt, auch wenn sie durch „und" verbunden sind. **Ausnahme:** Kurze Sätze mit gleichem Subjekt.	Der Mann liest die Zeitung, und die Frau bügelt die Wäsche. Er arbeitet und er singt.
5	Bei Aufzählungen muß ein Komma stehen.	Iller, Lech, Isar, Inn fließen rechts zur Donau hin.
6	Haupt- und Nebensatz werden durch ein Komma getrennt, wenn sie nicht durch die Bindewörter „und", „oder", „sowie" verbunden sind.	Wir hatten sie beraten, bevor sie den Vertrag unterschrieb. Ich weiß, wo er sich aufhält. Ich kenne das Buch, das Du liest.
7	Bei Aufzählungen von Adjektiven steht nur dann kein Komma, wenn Hauptwort und Eigenschaftswort eng zusammengehören. (Es kann kein **und** dazwischenstehen.)	Ich wünsche Dir ein glückliches neues Jahr. **Aber:** Ich wünsche Dir ein glückliches, gesegnetes Weihnachtsfest.
8	Das Komma steht nach Bejahungen und Verneinungen, die das Gesagte bekräftigen.	**Ja,** ich werde morgen kommen. **Nein,** das geht wirklich nicht.
9	Das Komma trennt vorangestellte, eingefügte und nachgestellte Anreden und Ausrufe vom übrigen Satz.	**Fräulein Meier,** ich habe gerufen. Das ist mein letztes Angebot, **Herr Huber.** Ihre Bemerkung, **Herr Müller,** war unsachlich.
10	Das Komma trennt vorangestellte, eingefügte und nachgestellte Satzteile vom übrigen Satz, wenn diese besonders betont und hervorgehoben werden.	**Bayrisches Bier,** das schmeckt! Auf dem See, **dem stillen,** blüht eine Seerose. Komm herein, **aber schnell!**

11 Kein Komma steht bei einem bloßen Infinitiv mit „zu".	Es begann **zu regnen**. Hans zwang ihn **zu reden**.
12 Ein Komma steht bei einem erweiterten Infinitiv mit „zu".	Das Kind begann, **leise zu weinen**. Es ist nicht möglich, **diese Frage in nächster Zeit zu klären**.
13 Ein Komma steht bei einem Infinitiv mit „um zu", „anstatt zu", „ohne zu"	Ich esse, **um zu** leben. Ich schlief, **anstatt zu** lernen. Ich esse, **ohne** an meine Gesundheit **zu** denken.
14 Ein Komma steht bei zwei bloßen Infinitiven mit „zu"	Es ist besser, **zu fahren** als **zu laufen**. Er versucht, **aufzupassen** und **mitzudenken**.
15 Kein Komma ist beim erweiterten Infinitiv mit „zu" erforderlich, wenn folgende Wörter vorausgehen und nicht erweitert sind: haben, brauchen, hoffen, pflegen, erwarten, glauben, scheinen, wünschen, bitten, fürchten	Ich **hoffe** den Preis zu gewinnen. Ich **glaube** meine Pflicht getan zu haben.
16 Ein Komma steht bei jedem Infinitiv mit „zu", wenn folgende Wörter vorausgehen und erweitert sind: haben, brauchen, hoffen, pflegen, erwarten, glauben, scheinen, wünschen, bitten, fürchten	Ich **hoffe fest**, zu gewinnen. Ich **glaube wirklich**, meine Pflicht getan zu haben.
17 Ein Komma steht auch bei einem bloßen Infinitiv, wenn im Hauptsatz durch folgende Wörter besonders darauf hingewiesen wird: es, dazu, darauf, daran, danach, damit, davon	Wir sehnen uns **danach**, zu wandern. Ich halte **es** für richtig, zu gehen.

4 Stichwortverzeichnis

(Die Zahlen bezeichnen die Seiten)